練就一身嘲弄本領，叛逆宗教觀惹風波
創作新世紀三部曲，終獲諾貝爾文學獎

黑色幽默大師

蕭伯納

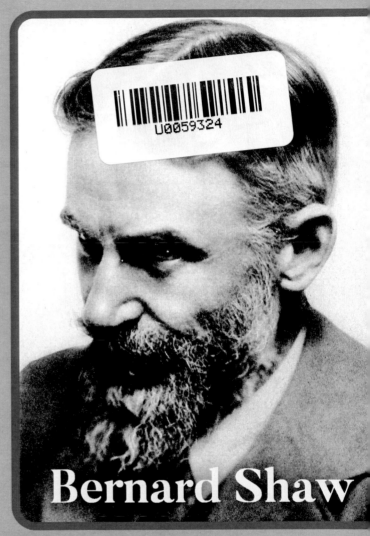

Bernard Shaw

諾貝爾文學獎得主×批判現實主義劇作家

最幽默的語句，最眞實的題材，最灑脫的人生

他爲創作小說堅持不輟，意外的戲劇之路讓他揚名國際。
他畢生創造幽默，而他的墓誌銘只留下一句話：
「我早就知道無論我活多久，這種事情遲早總會發生。」

他是戲劇鬼才——蕭伯納

鄧韻如，梅昌婭 編著

目錄

目錄

序

喬治·蕭伯納（George Bernard Shaw，1856 —— 1950），愛爾蘭劇作家。他出生於愛爾蘭的首都都柏林一個公務員家裡。他的父親是個沒落貴族，母親出身於貴族世家，從小受到嚴格的家庭教育。他的童年、青年時代是很不幸的。

13 歲時，他就能用口哨吹出許多優秀歌劇的片段，由於家裡太窮，15 歲的蕭伯納不得不輟學。為了維持生活，他進入都柏林的湯森地產公司當學徒。1876 年，他的父母離婚。蕭伯納告別了年邁的父親，離開了貧困的故土愛爾蘭，隨母親來到倫敦。

1892 年，蕭伯納正式開始創作劇本，他的戲劇果真改變了 19 世紀末英國舞臺的陰霾狀況，他本人也成為了戲劇界的革新家，掀開了英國戲劇史的新一頁。

1896 年蕭伯納結婚，婚姻改變了蕭伯納的一些生活習慣，唯一不變的是他對戲劇的熱愛，他寫出了《英國佬的另一個島》（*John Bull's Other Island*）、《芭芭拉少校》（*Major Barbara*）、《傷心之家》（*Heartbreak House*）《聖女貞德》（*Saint Joan*）等大量優秀的作品。

1925 年，蕭伯納「因為作品具有理想主義和人道主義」而獲諾貝爾文學獎，他把這筆約合 8,000 英鎊的獎金捐給了瑞典的窮作家們。

1950 年 11 月 2 日，蕭伯納在赫特福德郡埃奧特聖勞倫斯寓所因病逝世，終年 94 歲。

序

蕭伯納的戲劇最突出的特點是緊密結合現實政治鬥爭，敢於觸及資本主義社會最本質的問題，把剝削階級的醜惡嘴臉暴露在公眾面前。在藝術手法上，他善於透過人物對話和感情交鋒來表現個性衝突和主題思想。

蕭伯納的戲劇語言尖銳潑辣，充滿機智，妙語警句脫口而出。他的最著名的劇作有：《鰥夫的房產》（*Widowers' Houses*）、《華倫夫人的職業》（*Mrs Warren's Profession*）、《人與超人》（*Man and Superman*）等。其喜劇作品《賣花女》（*Pygmalion*）因被改編為音樂劇《窈窕淑女》（*My Fair Lady*），該音樂劇又被好萊塢改編為同名賣座電影而家喻戶曉。1930 年代初，蕭伯納訪問蘇聯和中國，與高爾基、魯迅結下誠摯友誼。

蕭伯納是英國現代傑出的現實主義戲劇作家，是世界著名的擅長幽默與諷刺的語言大師。他畢生創造幽默，他的墓誌銘雖只有一句話，但恰巧展現了他的風格：「我早就知道無論我活多久，這種事情遲早總會發生的。」

蕭伯納傑出的戲劇創作活動，不僅使他獲得了「20 世紀的莫里哀」之稱，而且因為他的作品具有理想主義和人道精神，其令人激勵和諷刺的語言往往蘊涵著獨特的詩意之美。

1884 年他參加了「費邊社」，主張用漸進的改良來改變資本主義制度，反對暴力革命。在藝術上，他受易卜生（Henrik Johan Ibsen）影響，主張寫社會問題，反對奧斯卡·王爾德（Oscar Fingal O'Flahertie Wills Wilde）的「為藝術而藝術」的唯美主義主張。

蕭伯納將自己劃歸於易卜生流派。他主張摒棄以尖銳情景和血淋淋的結局來構築情節的舊式悲劇，堅決反對以巧合、誤會和離奇的情節耗盡觀眾注意力的所謂「情節劇」，提倡劇本的任務是引起觀眾的思考，情景必須是生活化的。

　　他曾明確提出，戲劇是「思想的工廠，良心的提示者，社會行為的說明人，驅逐絕望和沉悶的武器，歌頌人類上進的廟堂」。

出身沒落貴族家庭

愛爾蘭是一個 7 萬多平方公里的島國，這裡景色宜人，四季如春：一望無際的草原上，點綴著迷人的石楠花；牧牛人躺在陽光燦爛的湖邊悠閒地吹著口哨，而水鳥卻在水光瀲灩的湖面上翩然盤旋，得意地欣賞著自己漂亮的倒影。

1856 年 7 月 26 日的某個時間，愛爾蘭首府都柏林響起了一聲嬰兒脫離母體的啼哭聲，那個沒落貴族出身，在法院做事的男人趕緊扔下了一直用力抓在手裡的酒瓶，興沖沖地奔了過來。他一眼就看出，被產婦抱在懷裡的瘦弱嬰孩，具有非同常人的特殊氣質。

這個男嬰就是喬治·伯納·蕭，人們習慣上稱他為蕭伯納。蕭伯納出生時，正值多災多難、民不聊生的時期。

早在 12 世紀，英國殖民者的魔爪就伸進了自由的愛爾蘭，於是這塊土地上接連不斷地燃起了反抗的怒火。

19 世紀中葉，愛爾蘭已經淪為英國殖民地，加上又遭遇大自然災害，飢餓與疾病迫使大量愛爾蘭農民背井離鄉，移居美國和加拿大；有的流入城市，變成一無所有的僱傭工人。

在 1841 年至 1891 年的半個世紀中，愛爾蘭人口從 817 萬銳減到 470 萬。

蕭伯納的祖先是英格蘭望菲菲伯爵的後裔，蕭伯納家移居愛爾蘭之後，在都柏林很有聲望。

但到了他父親喬治‧卡爾‧蕭，卻已經家道中落，要想繼續維持其貴族的體面，已經心有餘而力不足了。

蕭卡爾曾經當過法院的小官吏，收入微薄，僅夠養家餬口而已。

後來法院裁員，他把領到的資遣費投資於一家麵粉批發行，與人合夥做麵粉批發生意。由於經營不善，他們的日子一直過得很拮据。

愛爾蘭人非常喜歡喝酒，這裡到處都是酒館。在都柏林，人口不到 60 萬，但卻有 2,000 多家酒館。外國遊客到愛爾蘭的飯店用餐時，如果想喝酒，無論多少，服務員都會笑容滿面地送上餐桌；如果想喝水，那可要被笑掉大牙了，他們會彬彬有禮地告知：「對不起先生，愛爾蘭沒有水。」而這時，鄰桌上的愛爾蘭人會忍不住哄然大笑，然後舉一舉手中斟得滿滿的酒杯，豪爽地喊著：「乾杯！」

後來蕭卡爾又買下了一家磨坊，剛開始生意還不錯，後來生意就越來越差。有一次，一位顧客不守信用，讓他的磨坊幾乎破產。然而，蕭卡爾是一個豁達開朗的人，與他那痛苦沮喪、默默哭泣的合夥人不同，在困境中他常常放聲大笑。

蕭卡爾 40 歲時，娶了葉露辛達‧伊麗莎白為妻，妻子簡稱貝西。貝西是一個受過良好教育的貴婦，她早年喪母，由姑母愛倫撫養成人。為了使貝西成為風雅的人，她那駝背的愛倫姑母希望她將來能成為名門貴婦。而且只有這種資格，貝西才有權利繼承她的遺產。

出身沒落貴族家庭

愛倫姑母要求她挺直身子坐著，永遠不高聲說話，不學習有用的知識，不接觸粗俗的生活現實，而且讓她跟名的音樂家洛吉爾學習鋼琴，由他講授他那篇有名的論文《和聲學》的原理，從小打下了良好的音樂知識的基礎。

貝西生性倔強，她不但不接受專橫跋扈的姑母嚴厲的管教，反而決定嫁給比她年齡大一倍、家道衰敗的蕭卡爾。

這一方面由於貝西的個性所致，另一方面也由於她長期不接觸生活現實。當她的朋友知道之後，都勸貝西：「你如果與蕭卡爾結婚，簡直就是毀了自己的一生。」

貝西不解地問：「為什麼？」

她們告訴她：「那個男人喜歡喝酒。」

「你們為什麼不早告訴我？」

「你從來沒有問過我們啊！貝西。」

貝西立刻去找蕭卡爾，她問他這件事是不是真的。

蕭卡爾問：「什麼事是真的？」

「就是說你喝酒。」

蕭卡爾憤怒地喊起來：「喝酒嗎？哼，我是個終生頑固不化的絕對戒酒者呢！」

他說得那麼自信，貝西相信他，於是他們結婚了。

貝西的姑母一氣之下，威脅貝西說：「如果你膽敢嫁給那個不爭氣的蕭家男人，你和你將來的孩子別想得到我任何家產！」

此時，貝西也因為父親續弦的事，與父親發生了衝突，父親氣憤之下，也想要剝奪女兒的財產繼承權。最後在律師的調解

下，父女之間達成妥協：如果貝西有子女的話，在其長大成人的時候，可以得到 5,000 英鎊的遺產，但貝西自己終生不能動用這筆財產。

婚後，貝西才發現這個有點眼斜、溫和幽默的丈夫是個酒鬼。

那是他們到利物浦去度蜜月時，他的一些行動引起了她的懷疑和恐慌。有一天，她打開櫥櫃，發現櫃子裡堆滿了空酒瓶。

貝西在極度失望下，把自己的精力都投入到音樂中去了。

蕭伯納是他們唯一的兒子，在他之前，父母結婚 4 年來還生了兩個女孩。

從小非常討厭飲酒

生活的不如意，使蕭卡爾心情沮喪，他只好從酒精中尋求麻醉，而一次次的酗酒，又使他陷入更加頹廢的境地。

蕭伯納從小就痛恨籠罩在家中的這種不愉快氣氛。他經常抿著小嘴，注視著母親皺著眉頭無可奈何地嘆氣，幼小的心靈裡充滿了對酒的厭惡與仇恨。

這個酒鬼父親當初雖然並沒有看錯蕭伯納，卻沒有能力為孩子創造良好的成長環境，以至於蕭伯納從小就培養起了反叛社會的倔強個性。

為了躲避吵吵鬧鬧的不和睦家庭生活氛圍，為求清靜，蕭伯納在能歌善舞的母親影響下，將童年以及少年時期的大部分精力花費在了音樂、繪畫和閱讀文學作品上，努力沉浸其中，以便忘掉內心深處瀰漫的那股永遠揮之不去的、因痛恨父親的無能轉而仇視社會的糟糕情緒，並常常信心滿懷地認為自己是一個與眾不同、絕頂聰明的孩子。

有一天，蕭伯納在一個小酒館裡找到父親，他拉著父親的手一起回家。蕭卡爾穿著笨重的長筒靴，深一腳淺一腳地走著，好幾次都差點踩到兒子的腳上，蕭伯納只好小心地躲著父親的大腳。

而蕭卡爾這時已經沉浸在酒精的麻醉中了，他一邊自得其樂地吹著口哨，一邊不時地與路上遇到的人打招呼。

有人問：「嗨！蕭，你今天沒去酒館嗎？」

他回答：「哼！我才不去那種地方呢！」

蕭伯納聞著父親身上散發出來的酒氣，又看到大家都用譏諷和不屑的眼神看著自己的父親，自尊心受到了嚴重的傷害，眼睛慢慢被淚水模糊了，但他依舊緊咬嘴唇，高昂著頭。

只有半個小時的路程，但蕭伯納卻像走了一個世紀一樣漫長。

終於，父子倆回到了家裡。蕭卡爾腳步踉蹌地回臥室去了。

蕭伯納悄悄來到客廳，看到母親坐在椅子上，長長的裙子拖到地板上，像個高貴的女神。酷愛音樂的貝西，正面帶微笑在翻看一本貼了很多歌劇家照片的大相冊。

只有沉迷在音樂的世界裡，貝西才會暫時忘記現實生活中的種種煩惱。

蕭伯納腦子裡還裝著一路上遇到的種種難堪的場景，他想從母親那裡證實一下：父親究竟是一個受人尊敬的紳士還是一個酒鬼？

蕭伯納小心翼翼地問母親：「媽媽，爸爸喝醉了吧？」

蕭伯納希望母親的答案是否定的，而且他甚至希望，母親能狠狠地指責他胡說八道。那樣，就能證實父親不是酒鬼。

但是他看到，母親的雙眉一下子皺了起來，把一頁照片「啪」地翻了過去。但隨即，她又愁苦地看了蕭伯納一眼，嘆了口氣說：「他什麼時候不喝醉呢？」

頓時，蕭伯納的心裡像被插入了一把冰涼的匕首，他呆立在那裡，緊緊地咬著嘴唇，好久都沒有出聲。

從小非常討厭飲酒

從那一刻，蕭伯納在心裡暗暗發誓：「我一輩子都不喝酒！」

有一次，母親帶著蕭伯納到他的愛倫姑婆那裡去看她，希望這個男繼承人能夠博得她的歡心。

一大早，貝西就吩咐女僕威廉斯說：「為喬治穿上禮服，我今天帶他去見他姑婆。」

威廉斯是一個胖胖的老太太，她非常喜歡蕭伯納。她走進蕭伯納的臥室，他睡得正香呢！老人慈愛地搖了搖頭，艱難地彎下她肥胖的身子，伏在蕭伯納耳邊輕聲叫道：「喬治，起床了。今天媽媽要帶你去做客呀！」

蕭伯納一下就醒過來了，他睜大眼睛問：「真的？」

「你看！喬治，禮服都幫你準備好了。快起來吧！」

「要到誰家去？」

「去你那個有錢的姑婆家呀！」

蕭伯納繫上了漂亮的小領結，穿上了合身的小禮服。威廉斯看著他轉來轉去地自我欣賞，眼裡也充滿了疼愛。她拿起梳子，為蕭伯納仔細地梳理好頭髮，然後把他的小皮鞋擦得發光，這才把他帶到客廳。

這時，蕭卡爾正匆匆地從外面走進來：「快點，好了沒有？馬車來了。」

因為蕭卡爾經常喝酒，所以親戚們很少邀請他去做客，免得他喝醉後出洋相，弄得大家不歡而散。這次貝西只是自己帶蕭伯納去，當然也沒有這個酒鬼的分。

貝西牽著蕭伯納的手，一起走到院門外，等母子倆坐上馬

車，車伕一揚馬鞭，兩輪馬車就輕快地飛奔起來。

蕭伯納坐在馬車裡，又興奮又新鮮，他看著原來一直譏諷父親的那些人，臉上滿是得意：「我要到姑婆家去做客嘍！」

貝西卻臉上滿是憂慮，她把蕭伯納攬過來，伸手把他的領結擺正，並莊重地叮囑兒子：「喬治，到了姑婆家要乖，不要亂說話。姑婆年紀大了，喜歡安靜。」

蕭伯納緊張地問：「姑婆長得什麼樣？她會不會對我很凶？」

蕭伯納從小就目睹了英國資本家和愛爾蘭地主從飢餓的農民那裡奪走最後一口糧食的貪婪、兇殘。這使他一方面痛恨貧困，但又因此而變得膽怯。

曾經有一次，他用天生講故事者的輕狂，向一群男孩子吹噓他的膽量和勇猛。當一個年長些的大膽孩子嚇唬他時，蕭伯納誇口說：「我要把你活活打死在我的腳下。」但面對這可怕的死亡恫嚇，那個孩子卻面無懼色，結果蕭伯納驚慌失措，很不光彩地逃之夭夭了。

馬車停在一座漂亮的莊園前。貝西牽著蕭伯納的手，走下馬車，指著莊園對兒子說：「你看，這就是姑婆的家。」

蕭伯納驚訝地張大嘴巴：「媽媽，這座莊園好大、好氣派哦！您就是在這長大的是吧？」

家裡的僕人走出門來迎接：「小姐回來啦！」

貝西衝他們微笑著點了點頭，領著蕭伯納走到莊園裡。

蕭伯納一下子就被莊園的景色吸引住了：莊園裡有參天的大樹，綠茵茵的草地，爭奇鬥豔的花兒，鳥兒鳴唱著飛來飛去。

從小非常討厭飲酒

　　他恨不得馬上掙脫母親的手，到那草地上去盡情玩耍，去看看花瓣上有沒有露珠，再去追逐那唱歌的鳥兒。

　　母子倆走進客廳，客廳裡很陰暗，蕭伯納睜大了眼睛張望，卻並沒有見到姑婆的身影。

　　他心裡正納悶，一位 60 多歲的老太太走了出來，她淡淡地問道：「你們來了。」

　　貝西趕緊恭敬地回答姑母：「姑媽，我帶小喬治來看望您老人家了。」說著把蕭伯納推到身前：「快喊姑婆！」

　　蕭伯納在一路上都在準備著，這時，他清脆響亮地問候著：「姑婆好！」

　　蕭伯納其實很喜歡那個奇怪的駝著背但面孔潔淨的姑婆。他悄悄地打量著她，只見老人面容沉靜，衣著講究而整潔，透著一股高貴典雅。

　　只是這是單方面的喜歡，愛倫姑婆一直對他的家庭沒有好感，因此她看也沒看蕭伯納，而是走到椅子前坐下，威嚴地說：「貝西，你也坐吧！」

　　然後，愛倫姑婆這才盯了蕭伯納一眼，蕭伯納感覺，那目光就像一把明亮的利刃，嚇得他往母親身上靠了靠。

　　「貝西，過得還好吧？」

　　「姑媽，確切地說，情況不太好。」

　　「哼！當年妳不聽我的話，非要嫁給那個姓蕭的。他除了喝酒，還會做什麼？我還是那句話，妳和妳的孩子休想從我這裡拿到一點財產。」

貝西再也坐不住了，她臉色蒼白，起身向姑母告辭：「姑媽，我們這就回去了。」

　　這時，愛倫姑婆卻指著蕭伯納說：「貝西，看你教育的孩子！低著頭，弓著腰，跟他父親一個德性，也是個酒鬼敗家的模樣。」

　　蕭伯納無故受到這種指責，他一雙眼睛怒視著姑婆：「我發過誓，一輩子也不會沾酒的！」

　　貝西趕忙拉著他的手衝出了莊園。

　　貝西本來希望，兒子聰明伶俐，又是男性繼承人，可能會討得姑母的歡心，打破她們之間的僵局，收回當初的誓言，恢復她的遺產繼承權。誰知道，姑母竟然把對蕭卡爾的氣都轉嫁到了兒子身上。

　　不過，當姑婆去世時，年幼的蕭伯納仍然跑到花園裡，傷心地痛哭。他知道，姑婆第一次與他見面時就對他發火，這完全是罪惡的酒惹的禍。

崇拜魔鬼喜歡嘲弄

　　愛爾蘭人語言樸素，富於幽默感。當蕭伯納出生在那個「山雨欲來風滿樓」的大饑荒年代時，人們常常說：「空話不值錢，麵包要錢買。」在愛爾蘭人看來，口才是一個人教養的基本條件。

　　在南部城市科克的西部，有一座歷史悠久的布拉尼城堡，每年不少愛爾蘭少年攀上它高高的城牆，親吻城石，據傳說，誰要是吻了這裡的「巧言石」，立刻就可以變成口若懸河的雄辯家。

　　正是這種氛圍，哺育了歐洲文壇上數代風流人物，如劇作家王爾德、著名詩人葉芝、著名偵探小說家柯南道爾等。

　　蕭卡爾是一個新教徒，但是並不虔誠。貝西飽嘗過宗教教育的痛苦，因此對子女也不過分苛求。在蕭伯納 10 歲的時候，他們家就廢止了祈禱。

　　當時，蕭伯納的父親每天泡在酒缸裡，母親由於沉迷音樂，沒有人真正地關心他、疼愛他，他漸漸地習慣自己一個人無邊無際地幻想。

　　在幻想中，蕭伯納把自己塑造成一個無所不能的奇人。他不崇拜任何人，文雅而又倔強地抗拒著一切他不喜歡的事情。慢慢地這種個性也表現在日常生活中，家裡人常常被他這種固執的態度弄得毫無辦法。

　　在蕭伯納幼小的心靈裡，耶穌基督的地位還不如歌德名著《浮士德》中的魔鬼梅菲斯特。

蕭伯納從 6 歲時，就已經認得很多字了，他能輕鬆地讀《莎士比亞全集》和歌德的《浮士德》了。

　　當蕭伯納讀完《浮士德》以後，他終於發現，梅菲斯特是一個值得崇拜的人，他非常聰明，時常嘲笑人類；他無所不能，既可以回到過去，和已經去世的人交談，又可以預見未來。

　　蕭伯納眼中的梅菲斯特，已經不是魔鬼，而是一個英雄，一個膽大倔強、神通廣大的英雄。

　　他從心底愛上了這個魔鬼。他常常幻想著：「如果能和梅菲斯特交個朋友該多好！讓他教我一身本領，讓家裡過上幸福快樂的生活。讓那些傲慢的富人再也不敢隨便欺負窮人。」

　　蕭伯納從小喜歡畫畫，他用自己畫的這個魔鬼的肖像裝飾他臥室的牆壁：梅菲斯特臉上是冷冷的譏諷嘲弄的表情，眼睛不屑地瞪著，滿臉亂蓬蓬的紅鬍子。

　　在他幼稚的想像中，這個膽子奇大，英勇反抗的魔鬼，一定有一臉濃密和亂糟糟的紅鬍子，這樣才會顯得威嚴、桀驁不馴和與眾不同。他多麼希望自己能夠變成這個無所不能的魔鬼啊！但是，他的小臉白白淨淨的，根本長不出這樣的紅鬍子。

　　有一次，蕭伯納聽別人說，在下巴上塗上花生油，就能很快長出鬍子來，於是他就偷偷地試了試，結果弄得滿臉都是油汙，卻沒有長出一根鬍子。

　　這時蕭伯納又產生了一個奇異的念頭：「如果讓爸爸留上大鬍子，也許他會變成梅菲斯特那樣無所不能的。」

　　於是，他就去遊說父親：「爸爸，你為什麼不留一把威嚴的大鬍子呢？」

崇拜魔鬼喜歡嘲弄

蕭卡爾不知道兒子的小腦袋瓜子在想什麼，他奇怪地盯著兒子：「為什麼要讓爸爸留鬍子呢？」

這時蕭伯納心裡突然靈光一閃：「您留鬍子肯定好看，肯定比現在這樣又英俊又威武。」

已經快 50 歲的蕭卡爾聽了兒子的話，也不由得動了心：「好，就聽我兒子的，爸爸就留給你看，看我到底有多英俊、多威武。」

蕭伯納高興地摟著父親的脖子。

從那時起，蕭伯納每天都關注著父親下巴的變化。他盼望著父親能長出梅菲斯特的蓬亂的大紅鬍子，但結果卻不容樂觀：父親的鬍子只是那麼一縷，與自己的想像相差太遠了！

於是蕭伯納把父親塑造成偶像的目的徹底破滅，他決定自己去找那個魔鬼。

每當夜深人靜，窗外一團漆黑的時候，蕭伯納就會吹滅桌上的蠟燭，急忙鑽進被窩裡，因為他曾經問過大人們，大人們告訴過他：「每當伸手不見五指的深夜，魔鬼就會出現！」

蕭伯納睜大一雙渴望的眼睛，盯著黑洞洞的窗口，連大氣都不敢喘，心裡虔誠地祈禱：「尊敬的梅菲斯特呀！您快來吧！我已經誠心誠意地等了您 5 個晚上了！」

他等啊等啊！等到上下眼皮打架，而那個高大、兇狠、烏黑的臉上長滿蓬亂的紅鬍子的魔鬼也沒有從窗戶飛進來。

清晨，威廉斯老太太喊蕭伯納起床：「喬治，太陽都愛曬屁股了，該起床了！」

但是，蕭伯納已經連熬了 6 個晚上，他實在是睏壞了，他翻了個身，仍然呼呼大睡。當然，蕭伯納終究也沒有見到他的偶像。

長此以往，蕭伯納養成了倔強而又敢公眾發表見解的個性。他經常在父親面前口出妙語，發表輕蔑《聖經》的言論。

這讓父親又驚又喜，笑著誇獎他評得不錯，並以此感到驕傲，因為這是他遺傳給兒子唯一的「嘲弄本領」的具體表現。

接受良好音樂薰陶

蕭伯納從一降生，全家就住在一間小屋裡，後來蕭卡爾租了哈奇街 1 號一所較為體面的房子，但他付不起昂貴的房租。於是與一位研究音樂理論的朋友范德勒爾·李合租了這幢房子。李的身體上也有重大的缺陷，他小時曾從樓上摔下來，結果摔殘了腿，導致一條腿長一條腿短。

從此，他們就生活在一起，貝西也有音樂方面的愛好和才能，她和范德勒爾·李一起研究音樂。李說：「貝西，你有一副單調、清純、甜潤的好嗓子。」

貝西好奇地問：「你對嗓音發聲也有研究？」

李微笑著說：「雖然我一直以教授音樂為職業，但同時我也是一位頗有成就的生理學家，我解剖過喉嚨，準確了解了喉頭的構造。我注意到一個年屆 80 歲而聲音還非常完好無損的義大利歌劇男中音歌手巴迪亞利，於是根據這些學識改進了唱歌的技巧。」

貝西笑著說：「這種技巧在我們家就叫做『發聲法』吧！」

蕭伯納的母親和姐姐在李的輔導下學習音樂，並取得了很大的進步。

李是一個知名度很高的第一小提琴手，還是一個管絃樂隊的首席指揮。李於是聘請貝西擔任樂團的女中音。家裡不斷地在排練音樂傑作：李擔任領唱和指揮，蕭卡爾和貝西分別用小號和鋼琴伴奏，蕭伯納的姐姐露西擔任女歌手。

童年的蕭伯納也在這樣的環境薰陶下，愛上了音樂。而李也很欣賞蕭伯納思維敏捷，想法新奇。每當一家人進行排練的時候，蕭伯納就用口哨吹著許多熟悉的音樂。雖然他還不知道歌劇是什麼東西，但他能用口哨吹出許多歌劇的音樂。在他還不到 12 歲時，就能夠用口哨吹出很多歌劇傑作的音樂，並且從前奏曲吹到終曲。

　　有時候，大人們都不在家，姐姐就在蕭伯納的慫恿下，模仿大人的樣子排練歌劇。而這時，蕭伯納就一會鋼琴伴奏，一會用口哨伴唱，一會揮著指揮棒，過足了「兩個人的多人樂隊」的癮。

　　有一天，貝西給蕭伯納穿上小禮服，把他打扮得好看而神氣。蕭伯納問：「媽媽，你要帶我去哪裡？我不要去姑婆家了。」

　　貝西笑著說：「今天帶你去聽歌劇。」

　　蕭伯納高興得跳了起來，他雖然能用口哨吹全套的歌劇音樂了，也經常看媽媽他們排練，但還一次也沒進過歌劇院呢！

　　蕭伯納跟著家人，走進了富麗堂皇的歌劇院。他睜大亮晶晶的眼睛，好奇地張望著：金色的包廂裡坐滿了穿晚禮服的人們，神情和媽媽相冊裡的歌唱家一樣。

　　蕭伯納驚奇地問：「媽媽，怎麼這麼多演員？」

　　貝西沒有回答他，只是把他帶到了前排坐下。蕭伯納更奇怪了：「怎麼會讓我背對著演員？」

　　這時，面前的天鵝絨大幕緩緩地拉開了，蕭伯納眼前呈現出闊大的舞臺，樂池裡的樂隊奏起了他熟悉的曲子。蕭伯納好奇地

回過頭去，發現那些矜持的「演員」們，正聚精會神地盯著舞臺呢！這時他才明白：「原來他們也只是觀眾。」

蕭伯納天生就迷戀藝術，他讀過好多文學名著，喜歡音樂，痴迷繪畫。而且由於他生性倔強，對什麼只要喜歡，都不會淺嚐輒止，非要學會不可。

這時他又愛喜歡上了歌劇，他把媽媽給的零用錢存起來，買戲票自己到劇院去看戲。

時間一長，檢票員注意到了這個機靈秀氣的小男孩。這天他又買了們票，踮著腳尖舉起來給檢票員。檢票員跟他打招呼：「嗨，你好！你又來了？」

蕭伯納吃了一驚，他急忙回答：「先生，您好！」

檢票員蠻有興致地問他：「你能看得懂嗎？」

蕭伯納一聽，自豪地回答道：「當然看得懂了，我還能把整首的曲子用口哨吹下來呢！」

檢票員更驚奇了：「真的？你太了不起了！以後你再來看戲，和我打個招呼就行了，不用再買票了。」

蕭伯納喜出望外：「先生，真是太感謝您啦！」

自此，蕭伯納不但能白看戲，而且還能接觸到歌劇的演員。他在大量欣賞歌劇的同時，也漸漸地感悟到了歌劇中的無窮奧妙：從音樂的演奏到演員的歌唱和獨白；從戲劇衝突如何一步步地激烈、高漲到突然達到高潮，再戛然而止；一些感情表達如何透過演員的舉手投足展現出來。

有時候，蕭伯納就會對看到的不合理的地方提出異議，他有一次和姐姐討論說：「那個扮演被丈夫拋棄的婦女，總是摀著臉跑到後臺去。我覺得，她應該義正詞嚴地把她的『丈夫』趕下臺去才對！」

　　姐姐笑他小題大做：「人家演人家的，你只要看著就行了，難道要讓人家按照你說的演才是對的？」

　　蕭伯納據理力爭：「戲都是人編出來的，為什麼不能按照我的改？就連莎士比亞的劇本，也有很多不合理的地方！」

　　姐姐笑了：「那好啊！我就等著看你寫出比莎士比亞更偉大的劇本來。」

喜歡故事生性豁達

夏日的都柏林異常幽靜，濃密的森林散發著清涼的氣息。蕭伯納倚在窗口，望著不遠處基林尼灣的景緻，涼爽的風吹拂在臉上，他感受到了融入海水中的那分舒暢和無憂無慮。

「舅舅怎麼還不來呢？他上次講的故事結尾到底是怎麼樣？」

小時候，對蕭伯納影響較大的另一個人物，就是他的舅舅瓦爾特。在蕭伯納眼中，舅舅是一個傳奇式的人物。他在一艘遠洋輪船上當外科醫生，走南闖北，了解很多故事，可以說，從英國的皇家祕聞到海底稀奇古怪的生物，他無所不知。

舅舅的個性和水手們一樣豪爽、勇敢、放蕩不羈而又機智幽默。他到過很多國家，有好多次都差點葬身在大海的風暴之中。

舅舅經常帶蕭伯納出去散步，給他講歐洲文藝復興時期重要的人文主義作家之一拉伯雷的故事。而蕭伯納也常常提出不同見解，兩個人就激烈地討論起來。這時的蕭伯納好像不是一個孩子，而是他船上的高級船員。

每當笑呵呵的瓦爾特出現在蕭伯納家的客廳裡，蕭伯納就會高興地跳著撲到舅舅懷裡，把身子吊在他的脖子上，不停地喊著：「舅舅，快接著講故事！」

瓦爾特開心地刮刮他的小鼻子：「好！上次說到章魚大戰巨鯨了，不知道兩個誰勝誰負。」

原來，舅舅喜歡賣關子，每當講道關鍵處，他總要給蕭伯納留下一個「且聽下回分解」。

有時，蕭伯納等得太久了，他就自己幫故事結尾 。時間久了，他編故事的能力大大地提高了。

　　瓦爾特舅舅使蕭伯納領悟了語言的魅力，在潛移默化中教會了他如何將一個故事講得跌宕起伏，讓人百聽不厭。而且，舅舅還開闊了蕭伯納的視野，給蕭伯納展示了一個都柏林之外的廣闊世界！

　　這天早上，蕭伯納聽到威廉斯老太太和洗衣工愛瑪在悄聲對話：「愛瑪，你聽說了沒有？先生的麵粉批發行可能要倒閉了。」

　　「聽說了，這兩天我發現夫人不時唉聲嘆氣，愁眉苦臉的。」

　　已經慢慢懂事的蕭伯納，日益明白了生活的艱難。他也理解了父親有時的借酒澆愁：「日子難成這樣，其實也並不全是爸爸醉酒造成的。街上好多人家的叔叔伯伯都不酗酒，但他們家不照樣也過得很苦嗎？」

　　但這並不能減少蕭伯納對酒的憎恨。他坐在樓上，正在遐想著：「現在爸爸該不會又去喝酒了吧？」

　　突然，蕭伯納聽到有人上樓的腳步聲。他回過頭來，發現父親正用一雙有些斜視的眼睛，笑瞇瞇地望著他。

　　雖然生意每況愈下，蕭卡爾能帶回家的錢一天比一天少，但他生性樂觀豁達，他才不會因為自己收入微薄而像英國御林軍那樣板著嚴峻的臉孔呢。

　　蕭卡爾那明朗的微笑很有感染力。蕭伯納心中的憂慮，在父親開朗的笑容裡頓時化為烏有，原來的擔心和失望都被父親的微笑擊碎了。

　　蕭伯納不由心裡輕鬆起來：「爸爸，我們該去游泳了。」

喜歡故事生性豁達

游泳是父子倆每個夏日除了散步之外的第二項共同體育愛好。

蕭卡爾莊嚴下令：「那還不去換衣服！」

蕭伯納飛奔進臥室。不到 3 分鐘，一個穿著運動裝的小男孩出現在蕭卡爾面前。他滿意地點點頭：「好，出發！」

隨著年齡的增長，蕭伯納對父親越來越理解了：對生活的沮喪，對自己無力使家人過上體面排場生活的內疚，使父親只能逃避在酒精的麻醉中。

蕭伯納只有十一二歲，他沒有能力徹底改變這一切，他只有想辦法使父親放鬆一下。

「爸爸，我們看誰能先跑到海灣。」

蕭卡爾愉快地接受了兒子的挑戰：「好啊！」

「我來發號施令：預備，跑！」

蕭伯納「跑」字還沒出口，人就已經跑出去了。蕭卡爾愣了一下，這才趕緊追了上去。

蕭伯納不敢回頭看父親離他還有多遠，他只有拚命地向前跑，父子倆一前一後衝向海灣：40 公尺，30 公尺，20 公尺，蕭伯納煞車不及，差一點就栽進水裡去了。

這時身後伸出一雙有力的大手，把他一把抱了起來。氣喘吁吁的蕭伯納被重新放到地上，他回過頭來，看著臉不紅氣不喘的父親，原來剛才父親故意讓著他呢！

「下水囉，衝啊！」

父子倆脫掉外衣，縱情躍入水中，自由自在地在水中游著，

像兩只戲水的海豚一樣。

蕭伯納想起，父親第一次把他的頭按在水下讓他學憋氣，最後他覺得自己都快被淹死了，一連喝了好幾口水，父親才又把他放開，然後再讓他入水練習，反覆多次，蕭伯納終於學會了在水下憋氣。

兩個人遊了兩個往返，然後躺在沙灘上休息。

蕭卡爾兩手托著後腦，望著海面，思緒悠然地說：「游泳有時會給我們當英雄的機會。」

蕭伯納兩眼看著天上變幻莫測的浮雲，隨口問道：「是嗎？」

「是啊，我 10 歲的時候，就救過你六伯伯的命。」

蕭伯納一下坐了起來：「真的？！」

「有一次，我和他一起去游泳。過了一會兒，我聽到他在遠處的水裡掙扎，就游過去把他托出水面救上岸來。」

蕭伯納敬畏地讚道：「您真了不起！」

蕭卡爾笑著站起身來，一邊抖著身上的沙子，一邊看著兒子說：「現在你六伯伯成了富人了，理都不理我這個救命恩人了。老實說，我一生從來沒有遇到比這更讓我後悔的事情啦！」

蕭伯納被父親這種反轉式的幽默逗得大笑起來。父子倆笑著又跳進水裡。

蕭卡爾儘管有很多的缺點，安貧知命，不思進取，但他的幽默風趣、開朗豁達卻無時不影響著兒子。

蕭伯納由於對「醉鬼」的惡劣印象，他不崇拜父親，但他確實愛他，父子倆就像一對朋友一樣。

涉獵廣泛酷愛繪畫

蕭伯納與父親游泳之後，兩人結伴回家。蕭伯納頑皮地歪過頭，看了一眼昂首闊步，保持著紳士氣質的父親。他突然嚴肅地對父親說：「爸爸，我們下禮拜去教堂吧！」

蕭卡爾不由愣了一下：「這小孩 7 歲就開始嘲笑《聖經》，從 9 歲起就不再進教堂禮拜了。不對，怎麼今天又敬畏起上帝了？」

但是，蕭卡爾還是為兒子沒有走上憤世嫉俗的道路而欣慰：「你總算不再崇拜那個魔鬼了！好吧！禮拜天我們一造成教堂去。」

蕭伯納卻調皮地一字一頓地說：「唉！我只是想去看看教堂那些漂亮的油畫。」

蕭卡爾這才醒悟，自己中了兒子的計，他拍了拍蕭伯納的小腦袋，哈哈大笑起來。

蕭伯納愛好廣泛，在喜歡音樂、文學的同時，也酷愛繪畫。他臥室的牆壁上，貼滿了自己畫的水彩畫。

音樂家李向他介紹大畫家米開朗基羅和林布蘭等，並常常跟他講達文西畫蛋的故事，這激發了蕭伯納學習繪畫的熱情，也使他的藝術天賦得到充分的開發。從那時起，蕭伯納對畫畫簡直著了迷，他見到什麼就畫什麼，想到什麼就畫什麼：海灣、小船、樹木、魔鬼、人物、教堂等。

有一天，李穿上禮服找到蕭伯納，對他說：「喬治，今天叔叔帶你去見見世面，我們去都柏林美術館，讓你見識一下真正的藝術！」

蕭伯納喜出望外：「太好了！」

美術館裡的人並不多。但蕭伯納太矮了，李介紹那些大師們的作品給他，他只好努力仰著頭觀看。

最後，李把蕭伯納扛在肩膀上講解：「注意這幅畫的線條，它們自然奔放，無拘無束，展現了動態的美感。」

蕭伯納被這些藝術精品深深地吸引住了，他無法說明這些畫為什麼會如此生動，只是強烈地體會到衝動和嚮往：「總有一天，我也要把自己的作品擺放在這個藝術殿堂裡。」

蕭伯納的藝術修養和鑑賞能力迅速地提高著。有時他甚至不用看說明註釋，就能認出美術館裡的所有作品。他有時會自己到美術館去看展覽，一待就是半天，心靈得到藝術的沉澱和昇華。

有很多時候，美術館裡除了管理員就只有小小的蕭伯納在那裡邊看邊思索，漫遊於藝術的長廊中。

家裡人看到蕭伯納如此痴迷繪畫，就把他送進了都柏林皇家學會的藝術學校學習。但是，蕭伯納令學校的老師很失望，因為他畫的作品，老師都看不明白。有時老師讓學生們畫一盆花，別的學生都會畫得栩栩如生，但蕭伯納的畫布上卻是一塊塊稀奇古怪的色彩，根本連線條都看不清。

因為蕭伯納看過的名畫太多了，他的鑑賞力已經遠遠超出了他的年齡。他所知的繪畫理論已經自成系統，所以無法按照初學

者的幼稚理論再來循序漸進。

　　老師最後完全終止了對蕭伯納的繪畫教育，他也只好收起畫筆，打消了當畫家的念頭。

　　除了自己畫畫，蕭伯納並沒有多少機會與朋友們一起玩耍。不光是他，包括他的兩個姐姐，都由於父親是酒鬼的原因，不但沒有人願意邀請他們去做客，同時也失去了與上層社會的子女交往的機會。在都柏林，他們姐弟三個幾乎是與社交圈子絕緣了。

　　蕭伯納畢竟是一個十來歲的孩子，他強烈地渴望與朋友們能一起奔跑，一起打鬧，一起去探索這個多彩的世界。沒有夥伴的少年生活會讓人寂寞得要瘋掉。

　　在蕭伯納進入教會學校的時候，他和心靈手巧、聰明勇敢的少年約翰成了好朋友。約翰是一個鐵器店老闆的兒子，蕭伯納經常到他家裡去玩。

　　有一天，蕭伯納又連蹦帶跳地跑到鐵器店去找約翰玩，老遠就聽到屋裡傳出「叮叮噹噹」的清脆鐵器聲。

　　蕭伯納悄悄地推開門向裡看約翰在不在家，突然聽到約翰衝他大喝一聲：「嗨！喬治！」他嚇了一跳，然後卻看到約翰在對他做鬼臉。

　　蕭伯納正詫異時，約翰卻對他笑了：「你帶什麼好東西來了？」

　　蕭伯納舉起手裡的一塊方木塊向約翰揚了揚：「接著！」

　　小約翰穩穩地接在手中，他驚奇地看到，那個小木塊已經可以看出一匹駿馬的腦袋。約翰眼中不由露出羨慕的神采：「呀，喬治，你真棒！你雕得可真像啊！」

兩個小傢伙鑽到一起喊著、叫著，開心地爭論著。

　　約翰比劃著請求蕭伯納說：「喬治，我真想像你一樣手那麼巧，能雕刻出這麼像的小動物。你先來教我刻馬尾吧！這比較簡單，好不好？」

　　蕭伯納爽快地回答道：「當然沒問題！」

　　於是兩個小傢伙離開鐵器店來到路邊，找到一塊平整的大石板就開始了「雕刻工作」。一邊忙著還一邊嘴裡「嘰嘰喳喳」地叫個不停：「真像！」「哎呀！小心點！」

　　這時，蕭卡爾正好從這里路過，他看見兒子正在鐵器店旁邊的石板上和一個孩子玩得不亦樂乎，不由皺緊了眉頭。但他還是盡量保持著紳士風度，平靜地喊了兒子一聲：「喬治，別玩了，該回家了！」

　　蕭伯納即將完成手中的作品了，他回過頭來，滿臉興奮地向父親擺了擺手：「您先回，我馬上就完成了！」

　　蕭卡爾又皺了皺眉，「哼」了一聲，邁著平穩的步子回家了。

　　正當家裡人圍坐在桌旁準備吃晚餐時，蕭伯納哼著小曲一溜煙跑回了家。他那興高采烈的樣子立刻讓父親想起了路上的事情，他問兒子：「喬治，剛才你到鐵器店那兒幹什麼去了？」

　　「我教約翰雕刻！」

　　「約翰？哪個約翰？他父親是誰？」

　　「他爸爸就是鐵器店的老闆啊！」

　　蕭卡爾立刻瞪大了雙眼，火冒三丈地說：「你說什麼？你跟鐵器店的孩子混在一起！」

　　蕭伯納感到很委屈：「那又怎麼了？我們是好朋友。」

蕭卡爾指著蕭伯納大聲訓斥道：「那是下等人家的孩子。喬治你給我聽好了，以後永遠不准再和他們來往！別忘了我們蕭家可是都柏林的上等家族！」

在 19 世紀中葉的愛爾蘭，社會等級劃分得非常嚴格。依靠資產生活的紳士階層極其鄙視手工業者和其他靠體力勞動謀生的人。

蕭卡爾也不例外，雖然他們家境況沒落，但他一直嚴禁孩子們和那些下等人家的孩子來往。

蕭伯納與父親一直像朋友一樣相處，從來沒見到一向對他和藹的父親發這麼大的火。而他小小的頭腦中還不能清晰地判斷出是父親頭腦中這種根深蒂固的等級觀念在作祟，只是從自己身上找原因：「莫非真是我的錯？我不應該和約翰一起玩？爸爸從來沒有生這麼大的氣，這一定是有原因的。但到底是什麼原因呢？」

從此，蕭伯納與約翰的友誼也就斷絕了。由於他既沒有機會與所謂上流社會人家的孩子交往，又被杜絕「墮落」到與平民家庭的孩子來往，得不到正常孩子的社交鍛鍊，於是個性越來越內向。

學校裡的故事大王

蕭伯納的伯父卡羅爾牧師曾經讀過大學，他在蕭伯納到都柏林衛斯理教派學校讀書之前，就教過他拉丁文，而且時常向蕭伯納講述大學生活的美妙：「大學裡學術氣氛很活躍；教授們願意和學生交朋友；而且圖書館裡有豐富的藏書；學生們可以根據自己的興趣選擇課程。」

蕭伯納羨慕地看著伯父，他聽得入了迷，腦子裡充滿了對大學的期望。他多麼希望自己也能快快地成為一名大學生啊！

蕭伯納在衛斯理學校接受過短期的教育。

當時學校主要教授拉丁文和希臘文。而每天的第一項功課，就是半小時的教理問答：老師提出一個問題，學生就要從《聖經》裡找到相對應的根據來作答。

蕭伯納從 7 歲就開始嘲笑《聖經》了，而這時卻要努力熟背它，這是多麼無趣的事情。

蕭伯納自有應對的辦法，他向老師要求：「老師，我家住在基林尼灣附近，離學校非常遠，我是每天通勤搭火車到學校的，教理問答課我可能來不及，這怎麼辦呢？」

老師無可奈何地說：「那這樣吧！你每天可以遲到半個小時，你的教理問答課可以免掉。但課後可要自己背《聖經》啊！」

而拉丁文和希臘文，在上學前伯父早就教過了。因此，蕭伯納上課的時候就常常在讀《莎士比亞全集》，即使這樣，每次提問時他都能對答如流。

學校裡的故事大王

老師對他既生氣而又沒有辦法。因此，在成績評定時，老師們給這個令他們頭痛的人物評了個「差」。

但是，在同學們眼中，蕭伯納卻是個令人推崇的故事大王。

瓦爾特舅舅給他講了那麼多好聽的故事，隨便拿出一個來，加上自己繪聲繪色的表演，每次都讓同學們聽得津津有味。

有一天，蕭伯納給同學們講了一個英雄少年智鬥強盜的故事。故事講完了，但同學們意猶未盡，都眼巴巴地望著他，希望他再多講點。

蕭伯納眉頭一皺，心裡冒出一個調皮的念頭，他隨口就胡編起來：「我告訴你們，就在前幾天，有個壞小子在路上攔住了我，說讓我給他背著書包。我當然不可能照做，這個傢伙就向我衝過來，揚言要揍我。」

這時蕭伯納注意到聽眾的表情，見同學們一個個都張大了嘴巴，他心裡更得意了：「就在他的拳頭離我還有半公尺遠的時候，我大叫一聲，衝上去就把他撞翻在地。那個小子爬起來，抹了一把鼻子流出的鮮血，趕緊逃走了！」

同學們一陣驚呼：「哇！真棒！」

蕭伯納那一刻真是太得意了，他努力表現出自己的「英雄氣概」，威嚴地擺擺手，帶著冷傲的眼神揚長而去。

但是，蕭伯納為自己導演的這齣「英雄幻想曲」卻差點變成一出尷尬劇。

有一個高年級的大男孩，長得又高又壯，外號叫「鐵塔」，向來被譽為校內第一高手，不料他聽說，低年級有一個什麼故事

大王，不但能言善辯，而且膽量過人，勇猛無比。

他心裡不服氣了：「一山不容二虎，我們兩人不妨來次『現場打擂』，看看到底誰是真正的英雄。」

一天下課的時候，這個男生就把蕭伯納叫了出去，一看，蕭伯納長得像只「雲中鶴」一樣，又高又瘦，而且一臉書生樣，心裡說：「這不就是根麵條嗎？」

「鐵塔」蔑視地問道：「你就是那個愛吹牛的故事大王？」

蕭伯納知道牛皮吹上天了，對方來者不善，心裡在評估雙方實力：「我趁他不注意偷襲，不行，這傢伙也太壯了！要不要來個……也不行，他一下還不把我手腕給掰折了。」

但是，蕭伯納的臉上卻神色不變，他把嘴角一撇，雙手叉腰，昂著頭，眼神向下傲慢地回應道：「莫非你就是他們早對我說過的喜歡找人麻煩的壞小子？」

「鐵塔」不由心裡一愣：「他既然早就聽說過我，還敢對我這麼狂！莫非真有過人之處？」但他越打量，越發現蕭伯納沒什麼特殊的地方，就捋起袖子，一步步逼了上來。

蕭伯納這時心裡開始慌張，但本以為自己憑氣勢可以壓倒對方，但這個小混混根本不吃這一套。

「我是不跟你一般見識的，我來到學校讀書才是最重要的。我要去上課了。」

蕭伯納說完，鎮定地轉過身，從容地向教室走去。其實，他的耳朵一直聽著身後的動靜：「一旦這傢伙從我身後打過來，我就拔腿而逃，所謂好漢不吃眼前虧。」

　　「鐵塔」沒有料到他想像中的「強強對話」會是這種結果，他竟然一時不知如何是好，愣在了那裡。蕭伯納事後想想挺怕的，從此他再也不敢吹噓自己多麼勇猛了。他在筆記本上寫下：「人還是應該講真話！」

　　當然，別人無從知道這句話的根源。

送走母親告別童年

蕭伯納的母親貝西比父親小 20 多歲。就在蕭伯納逐漸長大時，他的母親對家庭和丈夫卻越來越失望：蕭卡爾酗酒成性，由於不善經營，磨坊和麵粉批發行的生意一天天敗落。

這個天真、清純、不諳世事的少婦，只有依靠音樂來尋求解脫，尋求快樂和安慰。

貝西的音樂素養很高，她不但鋼琴彈奏得相當出色，而且嗓音甜潤，音域寬廣。音樂家李為她打開了通往樂土的大門，使她信心倍增，演唱技巧也日漸嫻熟，成為都柏林一帶小有名氣的業餘歌唱家。

但是，李卻不想一直待在都柏林，他夢想著離開愛爾蘭到英國倫敦去，開創一片新的天地。當時只要能在倫敦音樂界搶得一席之地，就意味著能獲得財富和地位。

1870 年的一天，李終於辭別蕭伯納一家前往倫敦。臨行之時，他依依難捨地擁抱著蕭伯納，意味深長地說：「愛爾蘭太小了，倫敦才是藏龍臥虎之地。小喬治，不走出去，永遠看不到外面的大世界！」

送行的時候，蕭伯納緊緊拉著李的手，他看著幾年來朝夕相處的父親一般的李，乘上火車，「咔嚓、咔嚓」地消失在遠方，他回味著李的話裡面「外面的大世界」，而且李還告訴他，要到倫敦，還要轉乘輪船，在海上航行很久才能到達倫敦。

送走母親告別童年

李走後，蕭伯納一家無法獨立承擔房租，只好搬遷到小一點的一所公寓房裡住。再加上父親的生意倒閉，日子過得更艱難了。蕭伯納只好輟學了，從此，認為自己具有某種特殊天分的蕭伯納，再也沒有接受過正規教育。

蕭伯納已經 13 歲了，而家境日見窘迫。無奈之下，母親透過熟人，介紹了一份工作給他以增加家庭收入，就這樣他來到了一家服裝公司。老闆對他進行了面試，簡單談了幾句話就決定錄用他了。

沒想到好事多磨，恰在此時另一位老闆走了進來。他覺得蕭伯納年齡太小不宜雇用。雖然工作沒找成，但蕭伯納卻從打從心底感激那個老闆，因為他根本就不想來工作。

過了不久，李就從倫敦給他們寄信來了，他說：「我在倫敦獲得了成功，我用自己開創的『發聲法』教授學生聲樂課，並且在倫敦的音樂雜誌上發表了好幾篇評論文章，這裡的音樂會讓我應接不暇，我在派克街租了一所房子。」

貝西和蕭伯納的姐姐們想到，也許可以跟隨李到倫敦去，那樣還有可能在他的贊助下進入倫敦社交圈，或許對以後的音樂道路也更有意義。

在當時，女人出去謀生還是非常稀奇的事，因為社會上所有的職業幾乎都是為男子專有，女子就業的機會極其稀少。除了當演員、老師、酒店女服務生之外，別的行業都拒絕女性參與。而做演員、老師、服務生又會被人看不起，人們認為，只有下等人家的女人才會去做這些社會地位很低的工作。

但是貝西決定外出了。由於生意始終沒有起色，蕭卡爾終日將自己淹沒在酒杯裡，企圖用經常醉得人事不省的方式逃避現實，貝西已經忍受了多年，她不得不下定決心離開他。她寧肯離開家庭獨自去倫敦謀生，也不想再看這個無能的男人一眼。

　　母親要離開他，蕭伯納連著好幾個晚上都痛苦得無法入睡。他在黑夜裡，無助地睜著一雙大眼睛，這時完全沒有了當年等候魔鬼梅菲斯特的愉快心情，而是非常孤獨、恐懼。

　　蕭伯納流著眼淚想著：「今後我就不能和媽媽、姐姐在一起了，家裡再也聽不到她們說話、唱歌了。」

　　蕭伯納忽然感覺到有人走了進來，而且他馬上就感覺到那是母親。他忙伸手去擦臉上的淚：以往他是從來不流淚的，不管他多麼難受，都是咬緊嘴唇，倔強地撐下來。

　　貝西一下摟緊了自己的小兒子：「上帝呀！我的孩子！」

　　蕭伯納聽出母親也在哭，他知道母親也捨不得自己呀！

　　貝西哽咽著說：「喬治，媽媽和姐姐們明天就要走了。你千萬別送我們。我怕到時我會捨不得你而改變初衷。」

　　蕭伯納像個大人一樣安慰母親：「媽媽，你放心去吧！我和爸爸會把我們家的日子越過越好，我們永遠都會等你們回來。」

　　貝西聽到兒子這麼懂事的話，她更傷心了：「好孩子，喬治，希望你快快長大，能把家撐起來。我們靠自己的能力來生存，這算不上丟臉的事。我們到倫敦去以後，爸爸賺的那點錢還是養活不了你們父子。孩子，你已經 14 歲了，要替爸爸多分擔一點，照顧好他的身體，最好去找一份適合的工作。」

送走母親告別童年

　　這一刻，蕭伯納一下覺得自己長大了，肩上的擔子反而讓自己變得無比堅強，心中的孤獨、恐懼也一下都消散了。

　　第二天，蕭伯納堅持與父親一起，送走了母親和兩個姐姐。同時他也送走了自己的童年。

　　父子倆肩並肩往回走，一路上都沒有說話。蕭伯納突然發覺，父親好像幾天時間就老了 20 歲，他的神情是如此悲涼。

　　蕭伯納在心裡默默地對自己說：「從此，就要撐起爸爸頭上的一片天空了。」

尋找工作自食其力

母親走了以後，蕭伯納與父親相依為命，他決定走出家門，開始尋找工作。

但是，他無法向人家說明自己到底會做什麼。他知道：「我會彈鋼琴，能唱大段的歌劇，能唱韓德爾、海頓、莫札特、貝多芬、孟德爾頌、羅西尼、貝利尼、古諾、梅耶貝爾等作曲家的許許多多音樂作品，也能用口哨吹出他不能唱的歌曲。我還懂得繪畫和文學。但這些有什麼用呢？」

蕭伯納看到有公司貼出應徵訊息，他就去應徵，但人家總是不相信他是應徵的，總是問他：「小孩，你來這裡找誰？」

蕭伯納很有禮貌地回答：「先生您好，我是來應徵工作的。」

對方大吃一驚：「你？老闆，這個孩子說是來應徵的。」

老闆走過來，上下打量了他一下，搖著頭說：「孩子，我們招有工作經驗的人。對不起。」

蕭伯納應徵了好多家，結果都讓他很失望。

1871 年，在蕭伯納 15 歲的時候，透過叔叔的關係，蕭伯納終於在一家一流的房地產公司，烏尼雅克·湯森地產公司當上了行政人員。年薪 18 鎊。

說起來，蕭家在都柏林畢竟還是一個大家族，蕭伯納有很多叔伯、哥哥們都很有作為。有的當牧師，有的成為男爵，有人經商等，因此，雖然蕭卡爾沒有本事，但靠著蕭家的聲望，蕭伯納找工作還是不難的。

尋找工作自食其力

第一天上班前，蕭伯納站在鏡子前，挑剔地打量自己的造型：一個又高又瘦的大男孩，一臉的書卷氣。灰藍色的靈動的眼珠嵌在蒼白的面頰上，衣服雖然舊了些，但是乾乾淨淨的，穿在挺直的身板上，依然顯出青春的朝氣。

剛開始上班的時候，蕭伯納對這裡的一切都感到陌生和壓抑，極不適應。他說：「這裡的規矩與我的天性相悖，到這兒來僅僅是為了賺錢生活。」

當時，能夠到一家房地產公司工作是許多人夢寐以求的事情，因為這種公司在愛爾蘭的商業圈裡是最賺錢的。

舉止文雅、聰明機靈的蕭伯納很快就博得了同事們的好感，他雖然年齡還小，但知識豐富，很快湯森公司上上下下都知道了這位「才華橫溢」的小同事。他又找到了當年在學校當「故事大王」時那種受人擁戴的感覺。

但這對蕭伯納這個一心只想成為男中音的青少年，卻並不意味著光明的前程。所以每當老闆離開辦公室的時候，蕭伯納都要利用時間為同事們講解一段有關歌劇的知識，大家也都願意向他交點學費，學一些工作以外的藝術知識。在當時，人們的主要娛樂項目就是聽歌劇，唱歌劇。

有一次，同事史密斯興奮地問大家：「嘿！你們看過《費加洛的婚禮》嗎？那真不愧是名劇，太好看了。」

大家有的看過，有的沒看過。而蕭伯納也特別喜歡這部歌劇，他馬上說道：「嗯！這是莫札特最有代表性的作品，音樂很有氣勢，特別有感染力。」

史密斯趁著蕭伯納在興頭上，就開口請求：「蕭先生，我想你肯定會唱費加羅那段著名的唱段，請你教我好不好？」

蕭伯納確實會唱，但他為難地說：「但這是在上班時間啊！唱歌不適合吧？」

但是大家都鼓掌歡迎，尤其那幾個年輕人拍得最熱烈。因為他們早就不滿足於只是聽聽，很想自己學會那些優美的曲子。

蕭伯納仍然有些猶豫：「但是……」

史密斯馬上打斷了他後面的話：「要不這樣蕭先生，我提個建議，我們這些人合資請您當我們的音樂老師，您看怎麼樣？」

幾個人紛紛叫好，他們都是有錢人家的小孩，拿出了很高的報酬。蕭伯納只好半推半就地答應了。

有一天，這位不知深淺的行政人員完全投入到對於音樂的講解之中，沒有注意到老闆已經走進了辦公室。其他人早就看見了老闆而恢復了工作狀態，只有蕭伯納因為根本沒發現任何異常而繼續有聲有色地講著音域的常識。

直至老闆伸出的手快觸到他時，蕭伯納才反應過來。他像受驚嚇的兔子一樣跑進自己的辦公室，再也不敢出來了。

為了遷居倫敦，蕭伯納的母親將家裡的一切都變賣了，只將鋼琴留下了。蕭伯納說：「我突然覺得自己生活在一個沒有音樂的屋子裡，彷彿只有透過自己才能證明我的存在。」

從此，蕭伯納開始自學鋼琴。他學琴的方法很怪，並不注重指法的練習，而是一遍又一遍地練曲。他固執地認為只要對曲子理解了，就會將手指放在正確的琴鍵上。

尋找工作自食其力

後來，蕭伯納又將興趣轉向了華格納和貝多芬，使他感到意外的是，原來在歌劇和清唱劇之外還有另一片天地。撞擊、長嘯、咆哮和怒吼，所有的一切對蕭伯納以往的觀念都是一次強勁的衝擊。

在那段時間裡，所有住在哈考特街的居民們都飽受了來自 61 號居室聲音的侵擾。因為在此時期，蕭伯納經常靠音樂排遣工作中的煩惱。他的主要工作就是每週都要到各家各戶去收房租，跟那些貧窮的房客們打交道。

每到星期二這一天，蕭伯納的心情就特別的沉重，因為他又要到特倫努爾貧民區收取這一週的房租了。

19 世紀末，貧窮和飢餓席捲了愛爾蘭，大多數家庭都掙扎在死亡線上。因此他們不得不將丈夫或兒子送上輪船，含著眼淚看著他們消失在大洋遠方，到美國去當苦力。

而守在家裡的人都眼巴巴地盼著從美國來的郵輪，希望遠渡重洋的親人給他們帶回生活之資。

每當有美國的郵輪來港，郵局門前就會排起長長的隊伍，人們都在尋找著有沒有自己親人的匯款。如果領到了，他們就吃上小青魚以及蘸著醬汁的馬鈴薯。而沒有拿到匯款的人，不但要失望地空手而回，而且還要為遠去的親人生死未卜而終日擔心。

蕭伯納從電車上下來，擠過郵局門前的幾串隊伍，走向那片低矮、骯髒的棚戶區。

突然，幾個孩子從身前爭搶著跑過。蕭伯納站住看著：他們一個個衣衫襤褸瘦得皮包骨，手裡舉著剛從垃圾堆裡搶到的乾枯

而骯髒的爛菜葉。但他們就像是在爭奪幾件稀世珍寶一樣。

這一剎那，蕭伯納只覺得鼻子一酸，他灰藍色的眼睛立刻蒙上了一層水霧。他凝視良久，痛苦地搖了搖頭，彎進了一條流滿泥濘、臭氣刺鼻的小巷。

蕭伯納抬頭打量著小巷兩旁喘息著擠靠在一起的小矮房，心裡暗暗吃驚：「如果我腳步踏得重一些，或者大聲咳嗽一下，會不會把這些歪歪斜斜的小屋震塌呢？」

他胡思亂想著走到 7 號屋門前，伸手敲門：「砰砰！砰砰！」

蕭伯納看到，屋門明明是虛掩著的，但屋裡就是沒人答應。他無奈之下，只好轉身準備離開。

這時，屋裡突然傳出一個有氣無力的瘖啞的聲音：「門沒鎖，進來吧！」

蕭伯納舉手推門，門痛苦地「吱呀」一聲閃在兩旁，他走了進去。

雖然是大白天，但屋裡卻烏漆抹黑什麼也看不清。蕭伯納睜大眼睛適應了好一會，才辨清了屋裡的情況：靠內的牆腳下架著一張床，床沿上坐著這家的女主人；床邊上有一張椅子，男主人雙手抱著頭坐在上面，兩隻眼睛呆呆地盯著地面。

蕭伯納平靜了一下自己的情緒，向夫婦兩人說明來意：「我來收本週的房租。」

女主人看樣子應該還不到 40 歲，但是已經被愁苦的生活壓得過早衰老了。聽了蕭伯納的話，她心慌地看了看蕭伯納，又絕望地看了看旁邊的丈夫。

尋找工作自食其力

男主人好像剛剛意識到有人來了，他緩緩地抬起了頭。蕭伯納立刻看到一張被生活的重擔鑿刻滿了苦難的臉：神情麻木，毫無生氣，寫滿沮喪。

蕭伯納的心猛地抽緊了一下。但他又想到這是自己的職責，收不到房租就會丟掉工作，猶豫了一下只好硬起心腸說：「先生，我是來收這週的房租的。」

那個男人立刻暴怒起來，他控制不住地對著年輕的收租人吼叫著：「沒有！我一分錢也沒有！你回去叫他們來把我們趕出去吧！」

床上的孩子被這一聲怒吼驚得「哇哇」地哭叫起來。女主人趕忙回過身來去安慰孩子，孩子哭聲稍住，她回過頭來哭著說：「我的孩子病得都快要死了，可憐他連口粥都喝不上。」

年輕的蕭伯納心裡就像插入了一把尖刀般疼痛。但這樣淒涼、愁苦的悲劇，他每週都要「觀看」無數遍。

他心裡深深自責：「我自己也是窮人，卻為了獲得一點生活來源，而去直接逼迫這些掙扎在死亡線上的貧民家庭。」

但回來交差時，蕭伯納心裡又充滿了憤慨：「老闆總是嫌收的房租少，還嚷著再加房租。而他自己在家設宴招待賓客的時候，不知道一頓飯要吃掉多少家庭的房租。」

這段「收租人」的生活，給了蕭伯納充分認識社會現實的機會，使他對勞工的困苦生活有了最切身的體會。

蕭伯納的老闆對其忠誠和工作態度十分滿意，因為在房地產公司的表現不錯，一年以後，他已經擔任了出納員工作。以前這個職位一直由一個 40 多歲的有經驗的人擔任。

蕭伯納憑著機敏的頭腦和刻苦鑽研的精神，短短幾天就弄清了如何兌換支票、收存款、繳納 50 個區地產的戶口稅、免役稅務、抵押利息、寡婦所得產、年金、保險費以及其他種種名目的款項，做起來得心應手。

他在這個行業裡一做就是 4 年。在蕭伯納 20 歲那年他的工資就已經達到了 84 英鎊。

老闆在蕭伯納的鑑定書裡寫道：

有卓越的商業才能，非常嚴謹，完全可靠，令人信賴。交給他的
所有事情都能非常迅速而圓滿地完成。

可是儘管如此，蕭伯納還是不滿足，他厭惡這分工作，而將自己的精神寄託於音樂、繪畫和文學上。他曾這樣說過：「我從來未曾想過自己會成為什麼名人。我是那種缺乏自信的人，也很容易上別人的當。但有一天，一位同伴在辦公室裡說了一番話使我大受震動，他說其實每個人都想成為偉人。我這才意識到我自己就從來沒有過這種想法。」

音樂使年輕的蕭伯納於日常瑣事之外，找到了自己的精神歸宿。

失去了母親照料的蕭伯納變得非常憂鬱，心情更加苦悶，每次從公司拿到薪水時，他都恨不得將這些紙鈔撕成碎片，拋在空中隨風而去，他恨這些花花綠綠的價值符號讓父親變成了徹底的酒鬼。

為了不想看到父親害怕被自己指責和鬼鬼祟祟的難堪樣子，一回到家，他總是將腦袋深深地埋在書本裡面，再也不肯抬起。

尋找工作自食其力

這一時期，自認為「沒有任何印刷品上的東西看不懂」的蕭伯納，零零碎碎、雜亂無章地接觸了幾乎所有能夠看到的文字，從亨利·喬治、愛德華·貝拉米，到尼采、叔本華、亨利·柏格森，甚至皮耶—約瑟夫·普魯東、卡爾·馬克思那裡，學到了很多東西。

當蕭伯納的年薪增加之後，他買了一套燕尾服。而這時一切也都變得順利起來，蕭伯納的父親現在終於徹底戒酒，因為他覺得兒子已經在逐漸實現他自己曾經想要實現的願望了。

但是，蕭伯納厭惡這種奴役般的工作，只是在等候機會逃走，他不但要離開這家公司，而且要離開他所謂的「令人嘲笑的城市」都柏林去倫敦，當時唯有在倫敦這種地方，才能夠開始藝術生涯。

朋友之間坦誠相見

當蕭伯納在湯森地產公司管理出納事務時，他的同學愛德華‧麥克納爾蒂也正在愛爾蘭銀行紐里分行工作。因此他們之間的友誼，對蕭伯納而言，就顯得特別珍貴了。

因為蕭伯納始終處在特別的孤獨之中：同事們都比他大十幾歲或幾十歲，在他們眼裡，蕭伯納只是個聰明、富有才華而又勤奮的孩子，那些成年人誰也沒想到要和他成為平等、知心的朋友。

蕭伯納的桌前，擺放著一張愛德華的素描畫像：蓬鬆的鬈髮顯示出張揚的青春，一雙大眼睛閃爍著機敏的光彩，嘴角向上微撇，似乎一直在熱情地問：「嘿！喬治，又在寫小說嗎？」

於是，蕭伯納的孤獨就都隨著愛德華微笑的清波蕩漾而盡。

蕭伯納面對著愛德華的肖像，心裡默默地說：「親愛的朋友，只有你能清楚我的內心最需要什麼，也只有你能體察到我在想什麼，更只有你才知道我人生的意義在哪裡！」

蕭伯納的體內，天生就流動著藝術的血液，他彈琴歌唱的時候，眼前就會出現春日裡明媚的草原，整個身心都感到溫馨安靜；當他掩卷深思的時候，腦海裡不時閃現靈感的火花，他就會急切地拿起筆，記錄下這些熱情澎湃的瞬間，而世俗的世界就完全封鎖於心門之外了；而當他凝視著一幅風格別具的圖畫時，思緒就會飄飛到一個遙遠的時空裡：

朋友之間坦誠相見

我是為藝術而生的！但現實卻像寒冷的冬季，我要不停地為溫飽
而奔波，否則就只會凍餓而死！

蕭伯納面對著桌上潔白的信紙，心中湧動著難以扼制的激
動，他奮筆疾書：

愛德華，你好嗎？你在銀行工作還習慣吧？你是否還在寫詩？
你對宗教是否又有了新的看法？

兩個人都強烈地熱愛藝術，彼此欣賞。但因為都柏林離紐里
比較遠，否則，他們恨不得天天見面。這一對志同道合的朋友真
是相見恨晚。其實他們相識時才都只有十多歲。

很快，愛德華就「還招」了：

喬治，紐里的生活讓我感到孤獨！我時常懷念我們的同學時光，
那時多好啊！我們共同探討，激烈爭論，以文會友，互相督促提
升。唉！可惜時光一去不返了！

兩個「孤獨者」的信件來往越來越頻繁，他們也深陷於這種傾訴
自我、表達自我、尋求理解的方式中不能自拔，友情和思念也隨
著「決鬥」的白熱化而日益加深了。

每天 17 點 30 分，郵差會準時敲響蕭伯納的家門。

蕭伯納聽到「砰、砰」的敲門聲，總是急切地衝出去，奪過
郵差手中的信。

郵差越來越感覺奇怪了：「這個年輕人怎麼每天都會收到同
一個人的信？」這天，他終於憋不住問出了口：「先生，您這是
怎麼回事？」

蕭伯納馬上就明白了他的意思，他爽快地回答道：「我們倆

正在進行通信『決鬥』！看誰能笑到最後。」

郵差不解地呢喃著「通信決鬥」4個字走了。

每天一下班，蕭伯納和愛德華就都坐在都柏林和紐里各自的書桌前，兩個朋友說著只屬於他們兩個人的話題：輝煌夢想、宏大志向，以及驚世駭俗的見解。

音樂、戲劇、繪畫、文學、宗教……筆在飛，信在飛，海闊天空，任思緒飛揚。都柏林寄到紐里一篇文章，同時收到紐里寄到都柏林的一篇詩歌；然後你評論我的文章，我修改你的詩歌。

有時要說的話很多很多，但時間又不夠用，這怎麼辦呢？看看蕭伯納是怎麼做的，就可以知道愛德華也有相應的妙招：蕭伯納隨身帶著紙筆，無論是在馬車上、火車上，還是在等人的時候，甚至吃飯的時候他都能旁若無人地寫起來，那神思飛揚的表情，那龍飛鳳舞的姿勢，都讓周圍的人看得瞠目結舌。

蕭伯納的信中，永遠都是那樣筆鋒犀利、入木三分；而有時又突施反轉式的幽默妙招，常常讓愛德華不由得拍案叫絕：「這個喬治的知識太豐富了，與他交談，我永遠都在學。」

而蕭伯納慢慢發現了愛德華信中醉翁之意不在酒之處，他不由露出了得意的笑容：愛德華在信中，常常會提到蕭伯納的姐姐露西，說她「優雅迷人、嗓音甜美、待人親切」。

看著愛德華的信，不由勾起了蕭伯納對姐姐的懷念：

蕭伯納有兩個姐姐：大姐露西，二姐阿格尼絲。露西從小受母親薰陶，精於音韻，彈一手好鋼琴。後來在李的培養下，接受發聲法訓練，歌唱技巧更得到很大進步，20歲就擔任大型歌劇的女主角。

朋友之間坦誠相見

蕭伯納小時候沒有朋友玩，整天和姐姐待在一起。姐姐讀書他也跟著讀，姐姐練琴他也乖乖地在一旁看著，並模仿姐姐的動作，姐姐練聲，他也用尖細的童音跟著唱。

母親見了很好笑，有一天，她叫過蕭伯納說：「喬治，唱歌彈琴是女孩子做的事，你是男孩子，應該做男孩子做的事。」

一天晚上，大家都在客廳裡談論最近上演的話劇。琴房裡突然傳來一陣「叮叮咚咚」的琴聲，大家都吃了一驚：「鋼琴怎麼會發出聲音來？」

露西走在前面，率先推開房門：只見蕭伯納正踩在一隻小板凳上，聚精會神地彈著鋼琴，只是大家看了一眼就都不約而同地放聲大笑起來 ── 原來他只用一根手指在彈。

從此，露西開始正式教弟弟如何協調運用 10 個手指，如何識譜，不久後蕭伯納就能彈奏出優美的曲子了。

露西隨母親去倫敦有 5 年了，姐弟之間只有以通信的方式來傾訴思念之苦。

發現了對手這一「破綻」，蕭伯納就使了一招「欲擒故縱」，他在信中故意吊起愛德華的胃口：

露西在倫敦歌劇界的名聲越來越大，每逢她演出，戲院的票總是早早就被預訂完了。報紙、雜誌都對她大加讚賞：她嗓音甜美，舉止坦率大方，嫵媚迷人；尤其難能可貴的是，她具有一般演員缺乏的淵博的歷史和藝術知識；隨著劇情發展，她漸入佳境，唱得越來越自信，表演得越來越精彩，展示出天賦的歌唱和表演才能。

露西又在排練一齣新的劇目。她給我來信了，說非常想念我們。

「我們」究竟指的是誰呢？是蕭氏父子？還是蕭伯納和愛德華？蕭伯納卻故意沒有說明。

最後，愛德華只好坦白了：

喬治，你不知道我有多麼喜歡露西！請你幫個忙，在她面前替我多說說好話吧！

蕭伯納為了知己，當然是義不容辭的。他向姐姐寄信，不斷地描述愛德華如何英俊，稱讚他才華橫溢，並請求露西在倫敦為愛德華的小說尋求可以合作的出版社。

蕭伯納與愛德華還商定：「在我們 20 歲的時候，就會把來往的書信全部焚燬。」

因此他們總是毫無顧忌地互相發表坦率的意見。這種通信決鬥將帶來美好的結局，因為這大大地鍛鍊了他們的寫作能力。

發表處女作惹風波

1874 年，18 歲的蕭伯納邁出了走向文學道路的第一步，嘗試著向雜誌投稿。

因為長期與愛德華進行通信決鬥，蕭伯納對寫作產生了極大的興趣。有一次，他參加完一次穆迪和桑基的復活祈禱大會後，在與愛德華討論宗教問題的時候，蕭伯納一連寫了好幾頁紙向他闡述自己的無神論觀。

愛德華被蕭伯納大膽而叛逆的思想所震驚，他給蕭伯納回信說：

喬治，愛爾蘭雖然現在不像中世紀那樣，但是基督教仍然占據著
至高無上的地位，幾乎所有的愛爾蘭人都信奉基督教。很顯然，
儘管你的無神論有著科學的道理，但是仍然會遭到人們的反對和
排斥。

不料愛德華的回信，卻更激起了年輕的蕭伯納的叛逆心理，他產生了一個念頭：乾脆將自己的宗教觀向公眾宣揚一下：「什麼事總要有人第一個站出來做，就讓我來當這第一個吧！」

於是 8 月分，蕭伯納把自己清晰、科學的宗教觀整理了出來，認認真真地謄寫清楚，裝在一個大信封裡，上面寫上：《游世雜誌》收。厚厚的信件，讓他付了兩倍的郵資。

《遊藝雜誌》的編輯們看了這篇批駁《聖經》、宣揚無神論的文章，個個都被驚呆了，但是他們又不得不佩服作者睿智的評

議、嚴密的邏輯和辛辣的幽默。

可他們還是怕這種冒天下之大不韙的觀點會遭到社會的誹謗，從而使雜誌社虧損，於是決定退作者稿件，並給這個膽大妄為的年輕人寫了一封退稿信。

9月，蕭伯納就收到了退稿信，他不屑地把它扔進了垃圾箱。回到桌旁，把退回的稿件又裝進了一個新信封，然後又寄給了《公論雜誌》社。

《公論雜誌》是一個比較開放的雜誌，編輯們一直不滿意都柏林這種落後而死氣沉沉的氣氛，早就想發掘出一些能夠讓人們眼前一亮的思想清新、文筆潑辣的年輕的作者。

這時，編輯們讀著蕭伯納的文章，不由都拍案叫絕：「犀利、幽默、膽大、機智！」

文章終於被發表了。大多數作家在第一次看到自己的著作被刊登時，總會感到激動。蕭伯納卻沒有這種光榮的感覺。文學對於他是那麼自然，使他意識不到自己的特長。他說：「那並不比水在我嘴裡的味道更令人興奮。」

蕭伯納認為，如果雜誌上刊登他所畫的圖畫，或者如果他站在臺上，在正式管絃樂隊的伴奏中演唱歌劇，那將會是一件大喜事。但現在只不過是寫寫東西，誰都會寫文章的。

按照當時的年齡，他是應該上大學的。但是蕭伯納對學校不感興趣。他的知識得益於自學。在文學方面他鑽研過狄更斯、莫里哀的作品，讀過雪萊的全部散文和詩歌。雪萊是他青年時代崇拜的神聖人物。

發表處女作惹風波

在音樂方面，蕭伯納鑽研過莫札特的作品。莫札特使他知道：藝術作品怎樣才能達到力量、風雅、美和莊重的最高度，而同時又不矜持或標新立異。貝多芬和早期華格納的作品也對他產生過影響。

在語言方面，蕭伯納除了英語外，他還懂德語、拉丁語、義大利語，並略知一些西班牙語。

但這篇文章卻引起一場軒然大波。

這天，蕭伯納下班剛回到家裡，一進家門便被父親堵在了客廳裡。

「喬治，你在《公論雜誌》上刊登了一篇文章？」

蕭伯納不以為然地回答：「是啊！沒什麼，也就沒告訴您。」

「是批駁《聖經》的？」

「是啊！爸爸，其實在家裡我早就對您講過這些了。」

蕭卡爾的臉色一下變得鐵青了，他跺著腳嚷道：「哎呀！你這孩子！你幾個伯父正在爵士家裡，專門就你這篇文章召開家族會議，並說要處罰你這個蕭家的叛逆。」

家族會議只是在全族準備處置家族中的敗類時才開。蕭伯納雖然知道這件事肯定會引起人們的一些不滿和抗議，但沒想到到了如此嚴重的地步，心裡不由也吃了一驚。

但他這時已經是一個真正的小大人了：頎長的身材，健美的體格，這是從小堅持運動鍛鍊的回報；一雙深邃而沉靜的大眼睛閃爍著穿透一切的光芒；嘴唇緊抿，顯示著成熟、堅定和不屈。

蕭伯納一轉念間就堅定了自己的意志，他昂著頭安慰父親：「爸爸，你不用擔心。我沒有做錯什麼，他們不能把我怎麼樣。

世界已經進入 19 世紀了，再不會有強逼別人信仰上帝的事了。」

蕭卡爾急得直皺眉，但他沒有一點辦法，因為兒子的這些思想，其實是他們一脈相承的。蕭伯納的伯父曾經以下流的言辭嘲笑宗教，他的母親曾經以冷淡的態度拒絕宗教信仰，而父親在努力宣傳宗教的嚴肅工作中，無時不加上一個滑稽的反轉式效果。蕭卡爾無可奈何地搖搖頭，腳步沉重地回自己的臥室了。

睿智而叛逆的蕭伯納在窗前站了很久，他凝望著黑夜中的蒼穹，自言自語地說：

> 上帝根本就不存在！否則為什麼好人總是如此貧窮、艱難，而作惡多端、狡詐冷酷者總是享受著榮華富貴？上帝的公平具體展現在哪裡？根本沒有上帝，有也早就死掉了，我們能相信的，只有我們自己！

他坦然地等待著家族會議對他做出處罰，心裡也做好了準備：「我絕不會屈服，我沒有錯！」

伯父們終究沒有採取任何實質性的措施來懲罰蕭伯納，或許他們也被這個年輕人的觀點說服了，或許他們認為到時可能會被駁得下不來臺。總之，只是虛張聲勢一番，然後就不了了之。

風波過後，蕭伯納的信心和勇氣比以前更堅強了。

辭別父親遠離故土

1876 年，蕭伯納已經 20 歲了，他在湯森地產公司工作 5 年了，已經是公司裡資歷很深的老職員了。

但是他痛苦地意識到，他沒有辦法再繼續呼吸瀰漫在都柏林陰暗天空的拜金主義氣味，同時為了向父親證明自己的的確確是一個才華橫溢的稀世天才。李的聲音始終在他耳邊迴響：

去看一看都柏林以外的大世界！倫敦才是名家薈萃的地方，那裡
才是藝術的王國！

是啊！都柏林的生活太乏味了！辦公室的工作束縛著蕭伯納渴望創造的熱情，已經沒有讓他感到新鮮的東西了。他需要一個全新的天地，一個充滿自由、辯論、活躍的世界！一個能讓他實現畢生的夢想，藝術的夢想的世界，那就是倫敦。

蕭伯納已經 5 年沒有見到母親和姐姐了，但他一直與她們保持著通信。

移居倫敦的露西已經出落成一位優雅、美麗、富有才華的女郎。而李卻一天天變得庸俗起來，他越來越崇拜金錢和地位，貪慕奢華。

露西對老師越來越失望，她向蕭伯納訴說著內心的煩惱：

親愛的弟弟，我多麼矛盾啊！他既然是我的音樂老師，我本應該
尊重他，信任他；但是他的舉止日益變得輕浮，整天盯著錢和地
位，音樂已經成為他賺錢的手段，我真是越來越瞧不起這種用藝

術換金錢的人了。

當時蕭伯納正處於與愛德華的「通信決鬥」中，他對姐姐提出的事略微感到了一些失望與擔憂。

但是後來，露西又遇到了更大的難題：李竟然向她求婚！

李雖然比露西大許多歲，但他一直愛慕著露西，而且按照當時的社會習俗，年齡不是婚姻的焦點，蕭卡爾就比貝西大了 20 多歲嘛！

露西感到壓力太大了，而這時她與母親之間又產生了一些分歧，關係一度很僵，而妹妹又不幸剛剛去世，唯一能理解她的親人 —— 弟弟又遠在愛爾蘭，她只能把這一切向弟弟傾訴：

弟弟，我和你一樣，視藝術如生命，我嚴格地挑選演出的劇本，
絕不因為報酬高就盲目地去演。
但是倫敦現在達到一定水準的劇本很少，戲劇產業正處於不景氣
的階段；所以，我不得不去參加一些巡迴演出劇團，因為必須賺
錢生存啊！
但是媽媽很不高興，她說我在自討苦吃，放著體面輝煌的大劇院
不去，偏偏千辛萬苦地去小劇團參加巡迴演出！我們之間現在很
不愉快。

蕭伯納從小就是個「小諸葛亮」，他遇事鎮定、機智，眼睛一眨就是一個主意。他意識到姐姐遇到了人生的大麻煩，連夜給姐姐寫信：

姐姐，千萬不要衝動，不要失去控制。你知道什麼是對的，就心
平氣和地堅持你的觀點，不要屈服於任何人，包括媽媽。

辭別父親遠離故土

如果你實在是氣憤至極，也要以幽默的方式發洩你的不滿和憤怒，千萬不要怒形於色，這樣你就永遠能立於不敗之地。

寫完之後，蕭伯納又馬上另寫了一封信給母親：

媽媽，姐姐已經是個大人了，她已經 22 歲了，她有自己的是非觀，有自己的興趣。您不要逼她做她不喜歡的事。她有自己選擇的權利，是不是？

您和姐姐在倫敦相依為命，生活一定很艱難，艱難中更應該保持一分樂觀的心境。祝你們愉快！

最終姐姐擺脫了李的糾纏，而母親和姐姐的關係也融洽起來，並稱蕭伯納為「和平使者」。但是蕭伯納還是非常擔心兩個親人在倫敦的生活。這也是他堅決要到倫敦去的一個原因。

雖然父親對蕭伯納的成就很滿意，覺得兒子的工作體面，收入充裕，但是，蕭伯納自己卻坐立不安。

新年剛過，蕭伯納就向老闆提出了辭職。老闆誠懇地挽留他：「蕭先生，我一直沒有因為你年輕而不重用你。我們很需要你這樣才華出眾、有卓越商業才能的職員，希望你能慎重考慮一下。」

蕭伯納真誠地表示感謝，但是他說：「我這個決定已經考慮很久了，我去意已定，請您諒解。」

老闆雖然感到惋惜，但是他也很欣賞這個年輕人的果敢和成熟：「那好，我也不好再挽留你了。年輕人，我預祝你取得成功！」

蕭伯納其實還是挺放心不下父親的：父親已經老了，他背也駝了，頭髮已經花白，臉上布滿了皺紋。可父親對兒子很自豪，

每天都過得很開心，整天都掛著開朗滿足的微笑。

現在父親唯一的兒子也要離他而去，只剩他一個人孤獨地留在都柏林，蕭伯納心裡一陣陣發酸。

在臨行前的一天，蕭伯納終於鼓起勇氣面對即將孤苦伶仃的父親，他走進父親的房間。

「爸爸，我已經把地產公司的工作辭掉了。」

蕭卡爾簡直不相信自己的耳朵：「你說什麼？！」

蕭伯納乾脆全都說了出來：「爸爸，我辭職了，明天就乘船去倫敦。我已經買了明天的票。」

蕭卡爾不解地看著這個從小到大一直讓他捉摸不透的兒子：「喬治，你又有了什麼奇怪的想法？你在公司不是做得好好的嗎？」

「爸爸，為了能使我在夢想的道路上盡快達到目標，我願意拋棄目前舒適的生活。辦公室的工作只能讓我白白浪費時間。」

蕭卡爾想到自己未來的日子，不由黯然神傷：「5 年前，你媽媽和兩個姐姐因為生活所迫離開了家，你二姐不到 20 歲就去世了；我知道你當年進公司上班也是生活所迫，但你不一樣，你可以在商界取得很好的成就的。我也知道，你的興趣不在這方面，但現在你又要去那個遙遠的地方。讓我一個人待在都柏林還有什麼意思呢？算了，我是個失敗者，無論是做丈夫還是做父親。」

他說不下去了，用手捂住了臉。

蕭伯納的雙眼也不由得溼潤了，他甚至都要改變自己的主意了，他心想：「是啊！此次一別，遠隔萬水千山，不知還能不能再見到衰老的父親。他也真太可憐了。」

辭別父親遠離故土

蕭卡爾用顫抖的雙手抹了把臉，平靜了一下，非常理解地對兒子說：「這樣也好，你媽媽都離開我們 5 年了，就當去看望她們一下。她自從嫁給我沒享過一天福。哦！對了，你帶著公司給你的工作證明了嗎？」

因為在當時，工作證明是尋找新工作的必備條件。

蕭伯納說：「我沒要工作證明，我到倫敦後，就不想再從事辦公室的工作了。」

蕭卡爾又是一愣，他再次仔細端詳著兒子：眼前已經是一個標準的男子漢了，他的一切想法都遠遠超出了做父親的想像，自己再沒有什麼好擔心的了：「這樣爸爸就沒什麼好說的了。你放心去吧！」

第二天，蕭伯納登上輪船，與父親揮手作別，看著頭髮蒼白的父親的身影越來越遠，心中籠罩著蒼涼而無奈的情緒：「再見了爸爸，再見了愛爾蘭！」

初到倫敦母子團聚

倫敦被稱為「霧都」，是英國的政治、經濟、文化中心。倫敦的氣候和倫敦獨特的文化氣息一樣，都充滿著浪漫迷離的風格。

曾經有位詩人感嘆說：「誰厭倦倫敦，誰就是厭倦了生活！」

倫敦的天氣對倫敦人的生活有著巨大的影響，倫敦人無論做什麼事，先決條件一定是看天氣是否允許。這使得倫敦人養成了習俗：見面必談天氣，無論是剛剛從外進來，還是兩個人正站在大街上，開口一定是先問：「今天天氣好嗎？」

1876 年 4 月，「霧都」迎來了 20 歲的蕭伯納，一個背著唯一的絨氈行李的滿懷憧憬的小夥子。

蕭伯納結束了長途航行，抵達倫敦港，他走下輪船，站在霧濛濛的倫敦街頭，天生喜歡嘗試新事物的蕭伯納一下就為這種神祕的氣氛而欣喜了。

蕭伯納乘上了市內的馬車。馬車是倫敦當時主要的市內交通工具。車子走起來，馬脖子上的鈴鐺「鈴鈴」作響。

而且倫敦人的想像力也展現在了他們的人眾交通工具上，馬車被塗成綠、棕、白、紅、藍、黑等各種顏色，每種顏色代表一條路線。

蕭伯納坐上車不久，就感覺出了與愛爾蘭乘車的巨大差別：車上的乘客全都安靜地坐著，互相之間不交談，甚至都不會多看

初到倫敦母子團聚

別人一眼。蕭伯納不由想道：「而在愛爾蘭人之間，是沒有『陌生人』這個概念的，大家坐在一起都在熱烈交談，說一會話就都成了好朋友了。」

想到這裡，他微微一笑，然後回過頭去看向馬車外面：透過薄霧，一幢幢三四層的樓房從眼前閃過，比都柏林那些低矮的房屋可高太多了！外面的街道很寬，馬車都飛快地奔跑著，路邊走著戴著禮帽的男人，他們都把背挺得直直的；而那些女子們，則穿著長裙輕盈地從眼前飄過。

車到西區的維多利亞園林，蕭伯納下了車，他背著行李，尋找母親和姐姐住的地方。

倫敦的西區住的都是上等人，而東區則是貧苦人的聚居地。兩個區的房屋也有很大區別：西區的住宅看上去舒適、整潔，到處可見美麗的花園、富麗堂皇的歌劇院、音樂廳，貴婦悠閒地牽著她的狗散步，穿著時髦的年輕人昂首走過；而東區既沒有歌劇院，也沒有音樂廳，甚至連花園也沒有，只有低矮破舊的房屋，街道狹窄骯髒，來來往往的只能看到一些拖著疲憊身軀的工人。

蕭伯納按著姐姐信中的地址來到了一座住宅前，他的心激動得狂跳著，上前急切地敲響了大門：「媽媽！我是喬治，你在家嗎？」

一陣細碎而急促的腳步聲從遠而近，門「吱呀」一聲打開了，貝西出現在兒子面前：臉色蒼白，身體瘦削，身著整潔合身的長裙，神情優雅。

5 年的思念一起湧上蕭伯納的心頭，千言萬語哽在喉頭，凝

聚成兩個神聖的字：「媽媽！」

貝西一下緊緊地擁抱住兒子：「喬治，我的孩子！」兒子現在已經比母親高出好多了，不再是當年那個都柏林的小男孩了，他結實有力的雙臂抱住母親，嗓音低沉渾厚。

屋子裡，露西在急切地呼喚弟弟：「喬治！」

貝西輕聲對蕭伯納說：「露西得了重感冒，臥床好幾天了。要不然早就跑出來迎接你了。」

蕭伯納心頭一震，他知道，一個靠嗓子吃飯的歌劇演員，感冒會使她受到傷害的。

蕭伯納放開母親，立刻向屋內奔去，三步併兩步就來到門前，他聽到一間屋裡傳出咳嗽聲，「砰」的一聲推開了房門。

眼前，露西正努力地抑制著咳嗽，微笑著向弟弟伸開雙臂：她長髮蓬亂，柔美的臉龐沒有血色。

蕭伯納一時心如刀絞一般：二姐去世了，大姐一見面又是這個樣子。他撲到大姐跟前，伏下身子擁抱住她：「姐姐！」

露西貼著弟弟結實但並不寬厚的胸膛，頓時一股溫馨溢滿了心田，精神也好了許多，她輕聲對弟弟說：「你來了就好了。」

蕭伯納皺緊眉頭，心疼地問：「怎麼會病成這樣？」

露西看著高大的弟弟，欣慰中也飽含著辛酸：「沒什麼。演出頻繁了些，倫敦的氣候不好，天氣陰冷，演出的時候又不能穿太多衣服。」

蕭伯納打量了一下房間，簡陋的家具和樸素的擺設，就知道母親和姐姐過得其實很清苦。

初到倫敦母子團聚

　　母親靠在舞廳酒店唱歌，偶爾教授幾個小學生的音樂為生，能夠住在倫敦的西區這種高等住宅裡，已經是難能可貴了。母親只有住在這裡，也才能招收到有錢人家的孩子。

　　能夠和母親、姐姐團聚，重新享受到媽媽的親切照顧，蕭伯納非常開心。但他知道，自己作為這個三口之家唯一的男子漢，理應承擔起支撐家庭的重任。他準備立刻就去找一分適合自己的工作，以緩解家裡的經濟困難。

屢遭磨難愈挫愈勇

　　蕭伯納到達倫敦之後不久，就收到了父親寄來的湯森地產公司的工作鑑定書，這是他親自去公司找老闆開的。對蕭卡爾而言，這是他唯一能幫兒子的了。

　　同時，蕭卡爾每週都從磨坊生意寥寥無幾的收入中擠出 1 英鎊寄給蕭伯納。蕭伯納深知父親的艱辛，他在努力地四處尋找工作。但是，他依然抱定自己的信念，不去找辦公室的工作。而是到報社、雜誌社、出版社去應徵工作。

　　這兩個月來，他不止一次地敲開一家家報社、雜誌社的大門，希望尋找一分文字工作。他自信地對接待他的人說：「我相信自己的能力，我一定能做好這分工作！」

　　但人家卻總是懷疑地看著這個年輕的異鄉人：「請問你是哪所大學畢業的？以前在哪家報社待過？」

　　蕭伯納坦白地說：「我沒有上過大學，以前也沒有做過編輯或記者，但是我從幼年時就讀過大量的名著，我懂得音樂和繪畫，我的知識都是自學的。我相信……」

　　對方毫不客氣地打斷了他：「對不起，我們不接收沒有學歷的人，請另謀高就吧！」

　　這天蕭伯納又走在倫敦的街頭上，他已經十分疲倦了，嘴唇乾得都裂開了。

　　他來到一家報社門前：「啊！泰晤士報社！這是一家馳名世

界的報社啊！」蕭伯納臉上露出一絲欣喜，他邁著長長的腿，幾步就來到門前，推開門走了進去。

他平定了一下緊張的心情，敲響了主編室的門。

裡面傳出一個威嚴有力的聲音：「進來！」

蕭伯納走了進去，他開門見山地對主編說：「先生，請問您這兒需要文字編輯嗎？」

主編把身子向後靠了靠，從眼鏡後面投射過兩道銳利的目光，認真地打量了這位莽撞的年輕人一番。然後溫和地問：「你想試一試嗎？」

蕭伯納真誠地說：「希望您能給我一個機會。」

主編似乎被他的自信打動了：「你叫什麼名字？」

蕭伯納也放鬆了一些，他的幽默勁又上來了：「喬治‧伯納‧蕭，20 歲，愛爾蘭人，沒讀過大學，以前也沒做過編輯，只做過5 年公司職員。」

主編一下被他的回答逗樂了：「年輕人，泰晤士報社是不可能接納無名之輩的，你能理解嗎？」

蕭伯納慶幸自己遇到一位說實話的主編，他明白了主編的意思：想進這個圈子，光靠勇氣是不夠的，必須拿出成績來證明自己。

兩個月來積壓在心頭的愁悶和茫然一下子都被主編這句話沖散了，他從容地辭別主編：「先生，謝謝您的指點，我告辭了，請您留意一下這個名字：喬治‧伯納‧蕭。青山不改，綠水長流，前輩，後會有期。」

當夜幕降臨的時候，蕭伯納回到了家中。客廳裡還在響著那種初學琴者極不熟練的「叮叮咚咚」聲，母親還在教學生呢！

蕭伯納走進廚房，他找了塊麵包，就狼吞虎嚥地吃起來。在外面奔波一天，又捨不得花錢吃餐廳，他已經餓壞了。

學生們都走了，貝西發現廚房的燈亮了，就喊了一聲：「喬治！」

蕭伯納走出來：「媽媽，有事嗎？」他感到很難為情，他又白跑了一天，而且他已經打算近期不再找工作了。

母親把他領進客廳，指著桌上說：「你看哪！瑪麗安的父親給你寫了封推薦信。」

蕭伯納聽母親提起過，瑪麗安的父親在當地很有聲望，他是一家銀行的經理。這封推薦信，不知道母親是費了多大的力氣才求得的。

自從蕭伯納來到倫敦，貝西已經找了好些認識的人給他寫推薦信，但他一封都沒有用過。

蕭伯納看了母親一眼：「媽媽！」面對著母親蒼白而瘦削的樣子，他欲言又止，因為他知道，現在由於一些家長都紛紛把孩子送到那些「十二堂課學會」的歌唱班去，母親已經越來越難招到學生了。

母親的學生少了，家裡的收入當然也就少了。

貝西看著兒子吞吞吐吐的樣子，不由起了疑心：「你到底到什麼地方應徵去了？那些推薦的公司竟然沒有一個願意試用你嗎？」

屢遭磨難愈挫愈勇

蕭伯納不想再隱瞞下去了，他決定向母親坦白，他盡量放緩語氣說：「媽媽，其實我從來沒用過您給我的那些推薦信。因為我不想再做辦公室的工作了。」

貝西吃了一驚，她一下皺緊了眉頭：「你說什麼？！」她感覺兒子變得比當年更不可想像了。

蕭伯納努力說服母親：「媽媽，我離開都柏林來倫敦的時候，就已經決定不再從事浪費時間的辦公室工作了。我已經浪費了寶貴的 5 年，所以從現在起，我必須把握時間，專心投入我畢生的夢想，去做我應該做的事，我想……」

貝西狂怒地打斷了兒子：「別說了！我！可惜我還……你真是你爸爸的兒子，你就跟著他學吧！將來成為一個一事無成的酒鬼就好了！」

說完，她轉身走進自己的臥室，「砰」的一聲把門關上了。

蕭伯納呆呆地站在客廳裡，腦子裡一片空白。過了好久，他才心情沉重地走進自己的臥室裡。站在窗前，望著漆黑的暗夜，心裡痛苦地吶喊著：「為什麼沒有人理解我！」

他無心睡眠，坐在桌前，提筆給愛德華寫信：

倫敦不是天堂。我在都柏林時曾抱著多麼天真的想法！以為倫敦給愛好藝術的人們提供了充分的機會。最可笑的是，我的頭腦近來被政治和宗教塞滿了，簡直避之不及！

倫敦有大禮拜堂 620 個，小禮拜堂 423 個，《聖經》講堂 291 個，天主教堂 90 個！你知道，我對宗教向來是抱著譏諷態度，而現在卻被迫時時和它打交道。倫敦的藝術氣氛遠沒有原來想像的那麼濃厚。

在倫敦，雖然暫時找不到藝術方面的工作，但我仍不打算去坐辦公室。我準備潛下心來將我構思已久的小說寫出來。

你是這個世界上唯一能理解我、欣賞我的才能和執著抱負的人。

我雖然遭受了磨難，但一點也沒有灰心，甚至越戰越勇，熱情滿懷，因為我要征服倫敦！

代替別人撰寫評論

時間一晃就是幾個月，蕭伯納依然沒有找到他理想的工作。

但他沒有放棄。白天他還是到處奔波，去各個報社、雜誌社碰運氣；晚上他就點著蠟燭讀書到深夜，積極充電，讀名家的詩作和小說，研究樂理知識，還深入地進行物理和數學難題的解答。

可是，蕭伯納卻無法來完成他自己的小說，因為他看著母親和姐姐一天天地為生計而奔忙，自己心裡感到很不安，因為家裡又多了他這個正在長身體的男子漢吃飯，經濟更加拮据了。

這時，李來找蕭伯納了。果然如露西所說，現在的李變了，他穿著時髦的紳士服，頭髮梳得紋絲不亂，嶄新的禮帽托在手上。

蕭伯納非常尊敬他藝術的領路人：「李叔叔，我這幾個月因為一直忙著找工作，想等工作定下來再去看您。」

李一直很欣賞蕭伯納的才華，尤其是他富於創新、敢於反叛的個性和廣博的知識、幽默的風格。

「我掛名在《大黃蜂》報當音樂評論員。這需要經常去看一些音樂會，才能寫出相關的評論文章。但我實在太忙了，抽不出時間去聽那些音樂會。喬治，我在都柏林的時候，就很欣賞你的文筆和才氣。現在過了好幾年了，我已經老了，而你卻恰好長大了。你今天這麼一說，說明你對藝術的狂熱比當年更盛。怎麼

樣，願意寫點音樂評論文章嗎？如果你願意，就替我去聽聽音樂會，寫寫音樂專評，稿費算你的，但必須署我的名。」

蕭伯納喜出望外，他早就聽姐姐說過，李在倫敦音樂界有很高的知名度，兼職好幾家評論雜誌的自由撰稿人。

蕭伯納興奮地連連點頭：「謝謝您，李叔叔，我願意做！」

本來蕭伯納對作品署李的名有些反感，但是他想，這畢竟對自己是一個鍛鍊機會。將來，自己不愁沒有機會寫出署著自己名字的文章。

於是，蕭伯納拿著音樂會的代理商送來的入場券，來到一個指定的音樂廳聽音樂會。

他的心裡有與以前聽音樂會不同的感受：「這次可不能單純欣賞了，聽完之後，還要寫專評文章呢！」

當時是一個三流音樂廳，裡面非常悶熱，煤氣燈閃著刺眼的白光。蕭伯納在包廂裡悶得快要受不了的時候，音樂會才剛剛開場。

大幕緩緩拉開，一架舊鋼琴後面，坐著一個無精打采的猶太人。

蕭伯納一下就皺緊了眉頭，失望地對自己說：「這演奏也太空洞而乏味了，沒有一點音樂的靈氣。看第二個節目怎麼樣吧！」

冗長的鋼琴終於在差點沒讓觀眾昏睡過去的時機停止了，接下來交響樂隊上臺。蕭伯納精神一振，坐直了身子。他最喜歡交響樂了。

代替別人撰寫評論

這時從臺後走上一位打著花領帶、穿著時髦燕尾服的中年男子，他彬彬有禮地向觀眾鞠躬示意。蕭伯納知道這就是指揮，演奏馬上就要開始了。

隨著燕尾服的指揮棒一抬，音樂響徹了大廳。但蕭伯納的心卻也隨著高亢的音樂慢慢沉了下去：「這個指揮根本不理解樂曲的深意，整個樂章聽起來華而不實，就像指揮那條毫無新意的花領帶一樣。」

還沒等音樂會結束，蕭伯納就倉皇退場，離開音樂廳。

不久，讀者們就被新一期《大黃蜂》上面的音樂評論欄的文章吸引住了。那篇短小的文章，毫不客氣地批評音樂會缺乏魅力，並一針見血地指出了各個細節的拙劣表現，語言犀利而幽默。大家讀完後，都大呼痛快：「范達勒爾·李終於露出了一個音樂大師的風采！」

蕭伯納的一篇篇評論文章，也極大地推動了《大黃蜂》的發行量，讀者都對這只勇敢露出螫針的「大黃蜂」表現出強烈的熱愛。

而音樂會的代理商們則為此大傷腦筋，他們已經被這隻毫不留情面的「大黃蜂」蜇得體無完膚，一天天擔心，但他們仍然無法脫離這種難堪的局面，正如「大黃蜂」所言：「整個倫敦音樂界連一個有魅力的指揮也沒有！」

終於，代理商們的機會來了：一直受倫敦音樂界排斥的德國作曲家華格納要來倫敦開音樂會了。

蕭伯納從小就喜歡華格納的歌劇，尤其欣賞他獨特而新穎的風格。這次，他懷著極大的興趣觀看了演出。

華格納的音樂會安排在富麗堂皇的艾伯特大廳舉行。華格納走上臺來，高大魁武的身材，神情瀟灑，一舉一動都帶著大師的風範。他威嚴地掃視了一下聽眾，然後把指揮棒一揮，優美的音符就噴薄而出。

　　觀眾們聽得如醉如痴。蕭伯納注意到，華格納本人也沉醉在自己的指揮中，他在音樂的海洋裡盡情地遨遊，全然忘掉了身外這個世俗的世界。

　　第二天，倫敦的報界一致詆毀華格納的表演，說他是「三流作曲家」、「單調不和諧的音樂騙子」，指責他的作品「全都是吟誦調」。

　　《大黃蜂》的專評沒有附和倫敦音樂界，蕭伯納寫出了一篇與眾不同的華格納音樂會專評，極力推崇他是一位出色的作曲家和偉大的指揮。

　　這一下，倫敦的音樂界被激怒了，各種報刊上都紛紛發文攻擊《大黃蜂》；音樂會代理商也不願繼續贈送入場券了。於是，蕭伯納在《大黃蜂》的音樂專評生涯也就結束了。

首部小說遭受冷遇

1879 年，23 歲的蕭伯納離開《大黃蜂》之後，又加入了失業大軍之中。

這時的倫敦，其實並不是藝術家最順利的時代，因為 1879 年的倫敦遭受了一次到 1931 年才重見的不景氣的大打擊。

失業像割麥子那樣把人們的職業割掉了。過去一年的春天災情很重，對農民來說是一個世紀來最壞的季節。商業瀕於破產；那些過去把櫥窗堆滿貨品的小商人，現在只好望著空空無物的櫥窗發愣。

娛樂場所都縮小了規模或者關門大吉；人們唯一群集的地方就是酒館，甚至在這種地方，大多數的人也是買不起啤酒的。

由於情況糟糕，富人擔心窮人會起來造反。一些有識之士取消了一切宴會、舞會和聚會。威爾士親王，即後來的愛德華七世也投身救濟工作。

食物、煤、柴、蠟燭的市價高漲不止。工廠紛紛倒閉，倫敦和西北鐵道公司辭退了 5,000 名工人。6,000 名利物浦碼頭工人舉行大罷工。接著，格拉斯哥和西方銀行破產了，幾乎使整個英格蘭島都淪亡了。

蕭伯納看到工作如此難找，他心中那個固執的念頭又強烈地冒了出來：寫自己的小說！

蕭伯納從小就喜歡小說這種文學體裁，他曾經對愛德華說過：

小說這種體裁，篇幅長，手法多，可以充分表現自我，探討人生的重大問題。我一直夢想著自己能寫出一部輝煌的小說，給讀者許多人生意義的啟發。

這一年在《大黃蜂》寫音樂評論的成功，更給了蕭伯納自己創作小說的勇氣和信心，他回到家，在客廳裡對母親說：「媽媽，我決定不去找其他工作了，專心實現自己的夢想。」

貝西知道兒子的個性，再說什麼也難讓他回頭，只有他自己撞了南牆才能悔悟，她淡淡地說：「那你試試看吧！」

蕭伯納不好意思向母親要錢買好的稿紙，他用父親給他寄來的錢，買了一些非常廉價的四開稿紙，就動手寫起來。

他為自己的處女作取名《未成熟》，這也包含著他說明自己還年輕，在成長過程中遇到許多無法排解的各種矛盾，從而內心感到痛苦、徬徨的意思。

蕭伯納嚴格規定自己的寫作進程，他每天必須寫滿 5 頁稿紙才停下來，大概一天 1 萬字左右。

蕭伯納不打算在這部小說中構思太複雜的情節，因為他知道，憑自己的閱歷，在目前這並非所長。而以自己擅長的幽默的語言風格來嬉笑怒罵，用大段的獨白來發洩內心的衝突。

一連 7 個月，蕭伯納不停地寫，不停地思索，每天下來，他都累得腰酸手臂痛，眼睛發脹。但是，他始終被創作的熱情和喜悅充溢著內心，從未減少過每天的工作量。

深夜倫敦的寒風從窗口吹進來，蕭伯納不由打了個寒顫，他站起身，從床上拿了件舊披肩搭在背上。

首部小說遭受冷遇

凌晨時，肚子餓得直叫，蕭伯納在桌邊的盤子裡拿了一塊黑麵包，一手送進嘴裡，而拿筆的那隻手並沒停下。

7個月，蕭伯納的臉色一天天失去血色，臉頰也一天比一天瘦削，但桌上的稿子卻一天天變高。

這天的凌晨3點，《未成熟》終於完稿了！也許是下意識的動作，蕭伯納把手中的筆扔了出去！

他來到窗前，凝視著附近樓頂上那一輪昏黃的圓月，這才發覺：已是倫敦的深秋了！

第二天，蕭伯納抱著一個大大的紙袋，裡面裝著《未成熟》厚厚的書稿。他滿懷信心但又興奮得有些忐忑，敲開了一家出版社的門。

「請進！」裡面一聲喊，蕭伯納走了進去。

胖胖的出版商抬起頭來，等他看清蕭伯納時不由大吃一驚：這個年輕人又高又瘦，臉色蒼白。

出版商明白蕭伯納的意思，看來他已經接待過不少這樣的文學青年了。他不等蕭伯納說明來意，就伸手把紙袋接了過去，拿在手裡掂了一下分量，隨便問著蕭伯納：「什麼故事？驚險案例、傳奇探險、淒美愛情，還是海盜系列？」

蕭伯納不由愣了一下，然後輕輕地搖了搖頭：「都不是。書名叫《未成熟》，寫的是一個年輕人的成長歷程……」

出版商不等蕭伯納說完，就把紙袋扔到他手上，揮手說道：「我們不出版這類小說。這種書現在誰在看？」

「不過您聽我說……」

「好了好了，你說什麼我總之是不出。」

隨後，蕭伯納先後將《未成熟》寄給 10 家出版社。但是他們竟然都不願意耐下心來好好讀一下，更不用說出版了。

　　蕭伯納又傷心又絕望：「這可是我 7 個月的心血啊！為什麼人們無法認識到這本書的價值呢？」

　　他沒有灰心，又鼓起勇氣來到了第 11 家出版社。這次也許是他的誠意感動了上天，書稿終於被出版社收留了。

　　雖然對方說：「我們讀一下再與你聯絡。」但是蕭伯納的心中立刻充滿了喜悅，多日的愁悶一掃而光，他想：「等你們讀過之後，就會發現這是一部不可多得的佳作了。」

　　蕭伯納一路吹著口哨，使得電車裡的人也都被這個年輕人的好心情感染了，他們伴著金黃的秋色與蕭伯納相和。也許，是蕭伯納那悠揚動聽的口哨聲起了作用吧！

　　過了幾天，蕭伯納就收到了出版社寄給他的一封長信：

在眾多堆在出版社請求出版的小說中，我們認為您這部並非出色之作；雖然每個作者都相信如果出版社出版了他的大作，一定會大獲成功，但是作為出版社，我們很清楚書稿的優劣。我們對您的稿子比較感興趣，但是您還必須修改某些章節。

　　蕭伯納知道，在小說出版過程中，修改是很正常的。他滿懷希望開始修改自己這本飽經磨難的處女作。

　　修改工作同樣是異常辛苦的，他常常會為某個細節而絞盡腦汁，經常將滿頁稿紙都改得面目全非，不得不重新抄一遍。有時候，他為了某個章節而徹夜難眠，寫完一頁又撕掉重寫。蕭伯納感覺，他幾乎是把整部作品重新創作了一遍。

首部小說遭受冷遇

多少個清晨，貝西走出臥室，都看到蕭伯納正在洗手間用冷水洗臉，他的眼中布滿了血絲。她不由得搖頭嘆了口氣，心疼地說：「喬治，你又一夜沒睡嗎？」

而兒子卻似乎並沒聽見，還在出神地想著什麼。偶爾會漫不經心地「哦」一聲。

貝西趕緊煮好牛奶，給蕭伯納端到臥室裡去，她看到兒子伏案寫作，根本沒有抬頭顧得上搭理她。貝西不由得有些生氣了：「喬治，你這樣不愛惜自己的身體哪行呢！以後不准再熬夜了！你看你瘦得都不成人樣了。」

蕭伯納只好停下來，抬頭誠懇地對母親說：「媽媽，這是我的第一部小說，而且難得有出版社答應改好後出版，我必須精益求精，加快速度，這樣才能一舉驚豔文壇。」

貝西知道兒子又固執起來了，她只好嘆口氣，搖著頭走了出去。

但當蕭伯納的修改工作快接近尾聲時，出版社突然給他來信，說：「非常抱歉！鑑於當前的出版形勢，我們不想出這部小說了，請原諒。」

蕭伯納簡直要被這封信擊昏在地，他像瘋了一般在房間裡走來走去：「這群無恥的傢伙，怎麼能這樣沒有一點誠信呢！」

狂怒之下，蕭伯納幾乎要將這部書稿一把火燒得精光。但這可是他的夢，他的寶貝，他的心血和希望啊！燒掉它，就意味著燒掉了自己的夢想！

蕭伯納終於冷靜下來，把稿子裝進紙袋，細心地珍藏起來。

被迫就業痴心不改

蕭伯納自從自己的第一部小說被 12 次退稿，就又恢復了散步的習慣。

將近一年了，他一直在不停地伏案寫作，幾乎沒有親近過大自然了。但蕭伯納一直是多麼熱愛在戶外運動啊！現在，他獨自在夜風中穿行，心中充滿了苦悶：「在都柏林時，父親雖然生意不好，但我們經常進行戶外遊玩。闖蕩倫敦文壇的路竟然是如此艱辛，難道我真不適合創作文學？難道我的才華還是不夠？」

蕭伯納更大的苦悶在於，倫敦找不到可以傾訴心聲的知己朋友，更沒有一個睿智的導師來為他指明前進的方向。第一次的創作熱情被迎頭一盆冷水澆滅，他陷入痛苦的煎熬之中無法自拔。

而且，家裡的生計日漸窘迫，迫使他不得不放棄第二部小說的創作，當務之急是儘快找一分工作來改善家庭生活。

看來走藝文創作這條路是行不通了，蕭伯納只好取出父親寄來的在湯森地產公司的工作鑑定書，再次應徵辦公室的工作。

不久，他運氣極好地在倫敦愛迪生電話公司找到了新的工作。

1879 年，電話剛誕生不久，正處於宣傳推廣階段。蕭伯納在愛迪生電話公司的工作就是勸說倫敦各種商店的老闆，說服他們讓公司把電話線安裝在他們的房頂上；並且還要徵得沿線居民的同意，讓電話桿豎立在他們的院落裡，以便架設電話線。

被迫就業痴心不改

　　但是當時的電話的通訊效能相當差，通話中夾雜著一片「嗡嗡」聲，有時根本聽不清對方在講什麼。況且保守的英國人一點也不願意在自家院子裡或者房頂上豎上一根難看的木頭柱子。因此，電話公司的推廣工作異常艱難。

　　蕭伯納運用他多年的辦公室工作經驗，和人談判時講究技巧。他態度溫和，語言幽默，使人如沐春風。那些本來喊著「沒有電話我們也一代代活了過來」的英國人都被他說得開心一笑，談判中的緊張氣氛就被沖散了。

　　接著蕭伯納就說：「裝了電話之後，你不知道人們的生活就會有多麼方便，特別是遇到我們倫敦的陰雨天，有什麼事不用出家門就都搞定了。」

　　那些緊繃著臉的保守者終於被蕭伯納說得破顏而笑，再也不忍心為難這個開朗文雅的年輕人了，因此電話線的鋪設工作迎刃而解。

　　電話公司的老闆注意到了這個勤奮的年輕人，決定委以重任。幾週之後，蕭伯納就榮升為外務股股長，年薪也從 48 鎊提高到 80鎊，還為他自己安排了辦公室，以此留住他不被其他公司挖走。

　　蕭伯納每天工作之餘，和整個假日，為了滿足旺盛的求知慾，他經常去大英博物館閱讀感興趣的各類報刊書籍，從來到倫敦之後，蕭伯納就成了大英博物館的常客。

　　他深知自己接受的正規學校教育非常有限，現在沒有人可以指教他，也沒有朋友可以探討，雖然在家庭的薰陶下，他對音樂、美術、文學有了一些初步的了解，但這些知識畢竟是零散

的、不成系統的，這就像一些散落在沙灘的珍珠，必須有一位出色的工匠精心地打磨，然後串成一件完美的藝術品才行。

認識到了這些不足之後，蕭伯納就利用一切空閒時間努力自學，力求達到那些頂尖大學優秀生的水準，甚至要遠遠超過他們。

在工作之餘，蕭伯納飽覽了大英博物館那些豐富的藏書：自然科學、人文科學、社會科學等，他如飢似渴，常常是第一個進館，最後一個出館，甚至都不回家吃午飯。

蕭伯納讀書自有獨特之處。他全憑自己的興趣來選擇書籍，從不逼著自己去讀那些自己不感興趣的所謂經典。

而他的興趣又涉及了音樂、美術、文學，後來甚至發展到物理學、機械工藝、經濟學、數學等，所以他經常是面前擺著好幾種書輪換著讀：一會讀作曲家華格納的五線曲譜總集；一會又拿過高等數學演算幾道難題；一會又皺著眉頭思索《資本論》中的相關論點。

周圍的讀者都奇怪地看著這個年輕人，搞不懂他到底是學什麼的：有人說他是音樂專業的，有人說他是哲學專業的，還有人確鑿地認定他是一個年輕的數學家。

正是憑著對知識的痴迷，蕭伯納完全靠自學精通了音樂、繪畫、文學，閱讀了達爾文的《進化論》，馬克思的《資本論》，還自學了德語、法語和拉丁文等。後來蕭伯納曾經說：

> 馬克思打開了我的眼睛，讓我看到歷史和文明的事實，給了我全新的宇宙觀，給了我生活的目標和思想。我曾經是一個懦夫，是

被迫就業痴心不改

馬克思使我成為共產主義者，使我獲得了信仰；馬克思使我變成一個真正的人。

對一些社會團體的現實問題討論，他也想方設法參與。並由此結識了許多人。

在此期間，蕭伯納開始嘗試美術、音樂、戲劇方面的評論和小說創作活動，後來經威廉‧阿契爾的介紹，給《明星報》和《星期六評論》週報撰寫過一些音樂、美術等文藝方面的評論文章。

蕭伯納又一次展示了他的商業才能，家裡的生活也明顯得到了改善，母親也展開苦眉露出笑臉，為兒子的才能而滿足。

但是，當蕭伯納下了班回到自己的臥室的時候，他卻總是感到前所未有的失落感：「我現在到了倫敦，卻仍然回到了從前的職業中，這種成功我沒有絲毫的成就感，現在的工作就像一個海盜在強迫人家接受公司的意見，又像一個百貨公司推銷員那樣花言巧語，想盡辦法讓人家把錢從口袋裡掏出來。」

他只有在閱讀小說或者彈起鋼琴的時候，心裡才會得到寧靜和快樂，全身心地沉浸在文學和音樂中。不過這種快樂畢竟是暫時的，明天一早，他又不得不重複那令人厭煩的推銷經驗。

巨大的經濟衰退，就像瘟疫一樣席捲了英國。愛迪生電話公司終於也支撐不住了，最後被培爾電話公司收購。

培爾公司吞併了愛迪生電話公司之後，必須裁掉大部分原來的職員。而在這樣的經濟情況下，一旦失業，就意味著永遠找不到工作，甚至最後凍餓而死，除了蕭伯納之外，每個原公司的職員心中都籠罩著濃濃的陰影。

公司的職員們每天都在關心議論著誰將有幸被留下來重新錄用。但蕭伯納卻依然像平時那樣，整理公司的顧客資料，查看回訪訊息，一點沒有大難臨頭的慌亂感。

同事們都很羨慕他：「蕭先生肯定不用擔心，剛上班幾個月就被老闆重用，現在新舊老闆正在磋商有關交接事宜，新老闆當然還會聘用他。」

當錄用名單公布之後，蕭伯納果然榜上有名。他卻平靜地把自己整理好的資料交給新老闆，鎮定地說：「先生，感謝您的賞識。但是我不想再繼續做商務工作了。」

全公司的人都被蕭伯納這一匪夷所思的舉動感到不解了，他們帶著滿臉的驚愕與蕭伯納握手道別，並用困惑的目光看著蕭伯納高大的身影逐漸消失在倫敦的迷霧中。

蕭伯納這個決定並非一時衝動，也並非為了充當英雄，他是苦思多日做出的慎重選擇：

> 這 7 個多月的重操舊業，我更切實地認識到，我天生就是為了藝術而來，只有在藝術中，我才會有真正的快樂、充實和滿足；豐厚的物質回報，無法彌補我在那些厭煩的工作中的空虛，只會讓我感到乏味和可笑。
>
> 現在是我脫離它的好機會，我要橫下心來寫我的小說。就算以後我飢寒交迫，面對如何的艱難困苦，我都要牢牢記住這 7 個月來心靈上的不愉快，始終與我鍾愛的文學藝術相依為命。

蕭伯納的從容狀態一直保持到走進家門。當他面對母親的時候，心裡仍然泛起了痛苦的內疚。他努力擠出一絲微笑，就像在

說一件平常的事一樣對母親說：「媽媽，我們又要過苦日子了。我很對不起您，我又辭職了。」

這一段時間，貝西早就注意到蕭伯納一直緊鎖著眉頭，好像在苦苦思索著一個難以決斷的重大問題。現在他終於坦白說明了，她也清楚了兒子的苦衷：「喬治呀，你真是痴心不改！」

五年磨劍苦心自學

辭職之後，蕭伯納更堅定了自己的目標，他義無反顧地，全身心投入到小說創作中。

在大英博物館自學的時候，由於沒有導師對蕭伯納開導，因此他讀書的時候，腦袋裡沒有既定的框架，絕不會陷入到某種論點中。而且，他天生就是一個懷疑和叛逆精神極強的人，帶著大膽的懷疑來讀書，並勇於堅持自己的觀點，這樣避免陷入特定領域的圈圈，並形成了自己活潑清新的風格。

蕭伯納的第二部小說取名《不合理的結合》，故事說，一個女學員在生活的重壓之下，慢慢喜歡上了飲酒，並最終在貧困飢餓的絕境中悲慘地死去。

這部小說主要是從姐姐露西那裡聽來的一些她的同事的生活經歷，加上自己的構思和想像，並加以預測。由於他又經過了一年多的業餘寫作嘗試，再加上自學了多領域的知識，所以寫得非常快，5 個多月就完稿了。

蕭伯納又興沖沖地把書稿寄給了出版社，結果依然如上一部一樣的命運，沒有回音。他連續投了好幾家出版社，終於有一個編輯給他回信了：

> 這是一部使讀者極不舒服的小說。作者自認為在描述生活，實際上他根本不知道生活是什麼。

五年磨劍苦心自學

「生活是什麼？」帶著這種疑問，蕭伯納又一頭栽進了他稱為「沒有圍牆的大學」的大英博物館裡。

這次，蕭伯納著重去看博物館中的實物展品。

大英博物館除了 10 萬冊藏書，還有各式各樣的展覽室：如化石展覽室、出土文物展覽室、書畫碑刻展覽室、生物標本展覽室、木材展覽室等，藏有來自世界各地的稀世珍寶。

蕭伯納參觀、研究這些實物，常常陷於巨大的震撼之中。他感嘆世界的浩大和神奇。在這裡，他第一次見到了石器時代人類的勞動、生存工具，古樸的石器放射著神祕而滄桑的光芒。

蕭伯納最為心動的是其中的兩個展覽室：中國玉器、瓷器展覽室和中國線裝書展覽室。從看過這些美妙的中國珍品開始，蕭伯納就強烈地迷上了這個神祕遙遠的東方大國。

蕭伯納在這所「沒有圍牆的大學」裡迅速地汲取著知識，使自己在知識和人格兩方面完善起來，為自己今後的發展奠定了雄厚的根基。

當時蕭伯納的家庭已經到了窮困的邊緣，而維多利亞園林區住宅的房租又特別昂貴，他們只好搬到了菲茲羅伊街一幢房屋的樓上，房間裡空蕩蕩的，甚至一些必需的家具也沒有，貝西也更難以招收到學生了。

但貝西是一位有教養的女性，也是一位通情達理的好母親，她咬緊牙關扛著家庭的全部生活負擔，從來沒說過一聲辛苦，兒子雖然一年一年地圓著似乎毫無希望的夢想，但她從未再埋怨過他。

這時，蕭伯納已經窮困潦倒。寫作這幾年，他只賺過 5 英鎊 15 先令 6 便士，這還是一位律師朋友委託他寫的一篇關於藥品買賣問題的文章的稿費。

這幾年，他們一直依靠變賣外公留給蕭伯納的 5,000 英鎊遺產來維持生活。蕭伯納一直穿著那一身舊衣服，沒買過一件新衣服。

蕭伯納戴著一頂大禮帽，由於戴的時間太久了，前面的帽簷變得軟塌塌的，只好將後面換到前面，當時一頂廉價的圓頂禮帽只不過 1 先令，但蕭伯納也捨不得買。

他身上穿著一件袖口早已磨破了的上衣，每次外出時，他不得不拿出母親的剪刀來仔細地修整一番，以免袖口上拖著亂七八糟的線頭。

蕭伯納腳上的靴子早就破舊得變了形，就像剛剛從東區的垃圾堆裡撿回來的一樣。

屢遭挫折放棄小說

接下來的 3 年中，蕭伯納又相繼創作了 3 部小說：《藝術家的愛情》、《凱雪爾·拜倫的職業》、《業餘社會主義者》。

《藝術家的愛情》是蕭伯納受到自己的初戀刺激有感而發。

當時，蕭伯納的舅舅瓦爾特已經不再從事輪船上的工作了，在倫敦當家庭醫生，其中有一個家庭就是洛克特家。當瓦爾特得知洛克特家的大小姐瓊·伊麗莎白·洛克特喜歡文學，並且寫了一本小說之後，就不斷地談起他的外甥：「我的外甥喬治可是個才華橫溢的青年，他已經寫了兩三部小說！」

瓊對此很感興趣，於是透過瓦爾特介紹認識了蕭伯納。

夏日的一個傍晚，蕭伯納受瓊·伊麗莎白·洛克特小姐的邀請，到她家中做客。

蕭伯納欣然前往，主人與他說笑著走進客廳時，椅子上站起一位美麗清純的女孩，向他從容致禮。蕭伯納一下就被她那優雅柔美的姿態吸引了。

瓊向他介紹說：「這是我的妹妹安麗絲，她也是一個文學愛好者。」

蕭伯納的眼睛從此再也難以從安麗絲的身上移開了：「真美啊！她美得如此超凡脫俗，就像湖面上一朵迷人的出水芙蓉。」

在愛情的鼓勵下，蕭伯納談興大發，他生平第一次意識到自己竟然是如此的健談，他很得意於自己的妙語連珠，驚訝於自己

的新奇見解，並欣賞自己的風趣脫俗。

瓊和安麗絲也被蕭伯納豐富的學識和幽默的談吐所深深吸引，並不時激發出她們的獨到見解，這更令蕭伯納欣然嘆服：洛克特家的這對姐妹真不愧是從劍橋女子學院畢業的。

當晚，他們一直興致勃勃地談到深夜，蕭伯納還為姐妹倆彈奏了一曲貝多芬的《月光曲》。

蕭伯納與安麗絲互相傾慕，不久之後，安麗絲就成了蕭伯納母親的學生，這樣兩個人能夠經常見面，愛情的火焰也就越燒越旺了。

但是，這段戀愛從一開始就注定不會有美滿的結果。因為安麗絲是一個很現實的女孩，而蕭伯納太窮了，他連一套像樣的衣服也買不起，他的小說一直沒有出版商願意出版。他根本無法為她提供舒適優裕的生活。於是，安麗絲的心漸漸冷卻了，她開始疏遠蕭伯納。

這種心態之下，兩個人的矛盾也越來越深，相識 3 年之後，兩個人終於各奔東西了。兩人沒有成為戀人，卻建立起了深厚的友誼，並成為長久的好朋友。

而第三部小說《凱雪爾·拜倫的職業》，則取材於蕭伯納自己在內德·唐納利門下與帕克南·貝蒂一起學習拳擊的經歷，塑造了一個以教練唐納利為原型的栩栩如生的形象。

貝蒂是蕭伯納的好朋友，他喜歡寫詩，還出版過詩集。貝蒂瘋狂地熱愛拳擊，但又苦於沒有對手進行練習，就慫恿愛好體育運動的蕭伯納參加了倫敦體育俱樂部，一起拜在著名拳擊師內

德・唐納利門下為徒，接受嚴格的訓練。

兩個人同門學藝 4 年多了，除了探討文學，就是在拳擊臺上一分高低。

哨聲一響，蕭伯納袒露著上身，沉著冷靜地走上了拳擊臺。而貝蒂則早就等在臺上，他正虎視眈眈地盯著這個比自己高、比自己瘦的對手。師父唐納利做裁判。

唐納利做了一手勢：「開始！」

蕭伯納與貝蒂便閃電般地衝出拳，戰在一起。蕭伯納 3 記直拳「砰、砰、砰」眨眼間連落在貝蒂的胸口。貝蒂面對著比自己身高臂長的對手，不得不採取防守反擊的戰術。

蕭伯納一看對方加強了防守，便加快了進攻節奏，因為他知道對方體力要強過自己，久攻不下自己必然吃虧。因此必須儘快將其擊倒。

蕭伯納故意裝作很急躁，賣了一個關子。

貝蒂面對如此良機，豈能放過？他迅速使出一記勾拳，直搗蕭伯納的下顎。

蕭伯納心道：「來得好！」在貝蒂無法再改變拳勢時，他突然閃過，以一記同樣迅猛的勾拳後發先至。

貝蒂躲閃不及，被「砰」地擊個正著，他身體搖晃，步法散亂，蕭伯納又一記直拳迎面而至，重重地擊打在貝蒂的面門。

可憐的貝蒂，魁武的身軀轟然倒下。

裁判一下一下讀秒。貝蒂痛苦地掙扎了幾下，終於頭一歪，無法站立。

蕭伯納雙手舉起，高呼勝利繞場一週，遺憾的是並沒有一個觀眾。

原來，貝蒂一直勸技術比他高明的蕭伯納一起參加將在昆斯伯里舉行的業餘拳擊冠軍賽，但蕭伯納卻對此一點也不感興趣，貝蒂這次也只好使了個苦肉計。

貝蒂長舒一口氣說：「喬治，你真厲害，這次答應參加拳擊比賽了吧？」

蕭伯納心裡一動，不由為帕克南的苦心感動了：「貝蒂，快起來吧！我答應了。」

但貝蒂在昆斯伯里的預賽中就被一個肌肉發達、體格強健的對手幾下就擊倒在地，以徹底失敗而告終。蕭伯納就坡下驢，也樂得放棄了比賽。

但是，蕭伯納在以後的朋友聚會中，曾經擊敗過不少人的挑戰，而且其中還有一位真正的拳擊手。人們都很吃驚：這麼文雅、清瘦而幽默的青年，竟然在拳擊場上表現得異常鎮定。

在《凱雪爾·拜倫的職業》中，蕭伯納借主角之口，解釋了許多人都迷惑不解的問題──為什麼他能夠在臺上鎮定自若：

用不著虛張聲勢去嚇唬人，你只要擺出恰當的姿勢，讓別人去張牙舞爪！讓他們用想像中的東西去嚇唬自己就是了。哈哈！

結果，這3部小說與它們的「哥哥」遭受了同樣的噩運，全部石沉大海，無人問津。因為這5部小說都是闡述了蕭伯納對人生、愛情、事業、信仰的理解，雖然小說中閃爍著哲理性和幽默的光輝，但是人物形象非常模糊，沒有鮮明而豐富的個性。

屢遭挫折放棄小說

5 年來，蕭伯納在一次次嘗試之餘，他從小說的命運中悟到：「我是真的不適合寫小說。」因此，他決定不再寫小說。

但是，經過這 5 年的磨練，蕭伯納真正成熟了，他不僅文筆老練了許多，形成了自己獨特的風格，而且視野開闊多了，突破了個人的生活圈。

其實，第五部小說《業餘社會主義者》已經擺脫了前四部中侷限於個人生活經歷的狹隘性，而將眼光從個人擴展到了社會群體，開始關注社會問題。只是蕭伯納自己沒有意識到而已。

這 5 年間夜以繼日地寫作、思索，使蕭伯納已經對文學有了深切的體驗，具備了一個大手筆作家應該具備的特質。

成為出色的演說家

　　1879 年秋天，蕭伯納在朋友詹姆斯·萊基的邀請下，加入了一個叫做考求者學會的辯論會。

　　當時辯論會是很時髦的活動，有各式各樣的團體，代表著各式各樣的主義，他們都拚命宣傳自己的主義，發表本組織對社會各個方面的見解。

　　街頭、公園、會議廳、碼頭只要人多的地方，就一定有人在舉辦演講會。其中最著名的是倫敦辯證學會，專門討論約翰·斯圖爾特·米爾的論文《自由》的原理。這個團體一直主張男女平等。它已經成立多年了。

　　而考求者學會則是一個成立較晚的辯證學會。蕭伯納在聽了幾場辯論會之後，才壯起膽子發表了自己的見解。他移動著發抖的雙腿站了起來，在可憐的、膽怯不安的狀態中，第一次當眾演說。

　　蕭伯納兩眼緊張地盯著天花板，嘴裡含混不清地說道：「先生們，我的觀點是這樣的：罰款對懲處罪犯不是卓有成效的方式。」

　　聽眾們很快就感到不耐煩了，人們開始議論，蕭伯納的聲音幾乎被淹沒在一片「嗡嗡」聲中。蕭伯納驚慌失措地講出了幾個理由，然後坐下來時，覺得自己就像個十足的傻瓜。

　　這時，卻有一個與他年紀差不多的年輕男子站了起來，鏗鏘

有力地陳述他的觀點，很快就將聽眾的情緒調動起來，鼓掌聲、歡呼聲不絕於耳。

而蕭伯納驚訝地發現，這個人的觀點和理由與自己幾乎完全一樣。他想道：「為什麼他成功了，而我卻弄得一團糟呢？原來演講還必須講究技巧和經驗。」

蕭伯納發誓非要一雪這種恥辱，他發誓以後的每星期都要當眾演說，心裡發狠說：「要麼我就完全掌握演說的藝術，要麼就使我一想到在大庭廣眾之間演說，就會因受重大打擊而死掉。」

當晚回到家裡，已經是深夜了。蕭伯納發現母親的房間裡還亮著燈，就輕輕地敲響了她的門：「媽媽，您還沒睡嗎？」

貝西柔聲回答：「沒有，喬治，你進來吧！」

蕭伯納走了進來，貝西一看他那吞吞吐吐的樣子，就知道兒子又遇到了難題，於是含笑看著他。

「媽媽，您雖然已經 50 多歲了，但聲音依然圓潤好聽。我想讓您教我練發聲。我發覺自己講話時發音不清晰。」

貝西深感不解：「你要學發聲？做什麼？你都已經是個 20 多歲的大人了，怎麼忽然又注意起自己的發音來？」

「您別多問了。」

貝西知道兒子此舉肯定有自己的深意，也沒有多問，點頭應允了。蕭伯納一有空閒就向母親學習如何換氣、吐字，他成了母親最聰明、最勤奮、最虛心的學生。

與此同時，蕭伯納還一直關注倫敦星期天的報刊，因為那裡常常刊登整欄的辯論會通告，蕭伯納記下了他感興趣的辯論會的

時間和地點，準時出現在各式各樣的辯論會上。這時，他還加入了斯托普福特‧布魯克的辯論會，即貝德福德學會。他闖進那些在南區小教堂舉行的會議，因此他就從小會議室升級到公眾大廳了。

在耀眼的煤氣燈的照射下，蕭伯納抓住每一個機會鍛鍊自己，訓練自己掌握聽眾情緒的能力，雖然還是經常遇到聽眾不買帳的尷尬，但他仍然堅持不放棄。

正當蕭伯納深深地憂慮自己的演講水準進步不快時，萊基介紹他認識了老資格歌劇歌唱家理查‧德克。他是法國著名陶器製造家德克的兄弟。

蕭伯納向這位老人傾訴了自己的煩惱，德克胸有成竹地說：「我會告訴你革新自己嗓子的方法。」

德克教會了蕭伯納三樣東西：一、把他的頭髮向後直梳，而不再像維多利亞中期的婦女那樣把頭髮貼在前額上；二、怎樣發法語的元音，而不發英語的雙元音；三、演說的時候怎樣發輔音和加重輔音。

經過這樣一改造，蕭伯納完全變了一個形象，他自己對著鏡子一看，精神不覺一振，確實，頭髮這樣一改梳，立刻就顯得神采飛揚了。

德克笑著說：「記住喬治，演講靠的是從容鎮定的氣勢。」

為了練習演說，蕭伯納常常參加公共集會。

1882 年 9 月 5 日，他到法林頓大廳，在那裡，濟濟一堂的觀眾正在聽美國經濟學家亨利‧喬治（Henry George）的演說。

成為出色的演說家

亨利·喬治的《進步與貧困》（*Progress and Poverty*）是當時一部最暢銷的著作。他在書中提出了一個「透過資產階級國家土地國有化的方法來消滅貧困」的空想計劃。

蕭伯納非常欣賞這本書，並且認真閱讀了它。在這部書的影響下，蕭伯納的思想第一次有了重要的轉折。他突然意識到，他已經由維多利亞時代的「不可知論」劇烈轉變到了經濟的共產主義，從此，他以「經濟共產主義」的形象出現在演講臺上。

不久，蕭伯納以全新的形象出現在辯論會上。他在吵吵嚷嚷的大廳裡緩緩地站起來，輕輕地敲了一下桌子。全場安靜下來，人們都非常挑剔地打量著這個年輕人：

> 只見他身材高大，清瘦而文質彬彬，頗有事事都要尋根究底的神氣；淡褐色的頭髮和長而散亂的紅鬍子，一雙愛爾蘭人的灰藍眼睛，眉梢聳起，在那警覺而靈敏的表情中，加上了一點無拘束的「魔鬼般」的嘲弄神情。
>
> 他身上穿著隨意的花呢衣服，軟羊毛領配著一條普通的領帶；全身打扮顯出對華麗衣飾的鄙視態度；他的雙手保養得很潔淨，但並不像貴族那樣修指甲；皮膚非常白皙。

蕭伯納侃侃而談，口齒清晰而吐字有力，神態自若，毫不拘謹，神采飛揚而微帶譏誚，觀點明確而令人耳目一新。

聽眾拚命為他鼓掌，蕭伯納終於成功了！

在此後 12 年中，蕭伯納在講臺、教堂講壇、市場的廣場、街角、公園的斜坡、碼頭大門口、幾位貧困的朋友租來的地下室或者擠滿三四千各式各樣聽眾的大廳，不斷地宣講自己有關社會

和政治的種種觀點。他完全掃除了最後一點輕微的怕羞和膽怯，使自己安閒自在地同各階級的人物接觸，從主教和內閣閣員到賣水果蔬菜的小販和碼頭工人。

　　從此，蕭伯納把每星期天的演講視為當然必辦的事情，有時候早上和晚上都演講，平均每兩星期至少演講 3 次。這 12 年中，他舉辦過大約 1,000 次演講，每次演講後，還要答覆聽眾提出的問題。他爐火純青的演講技巧，使他成為倫敦最出色的演說家之一。

加入費邊社的好人

1882 年 9 月，美國著名經濟學家亨利・喬治來到英國，在倫敦舉辦了一系列有關土地問題的講演，積極關注現實、熱衷於參加社會活動的蕭伯納不會錯過這個機會。

亨利・喬治在演講中提出的由國家掌握、全面控制土地的建議，給蕭伯納和許多知識分子留下了深刻印象。

之後，蕭伯納開始對大衛・李嘉圖、約翰・米爾，以及亨利・喬治著作中闡述的解決社會現實矛盾的主張產生了濃厚興趣，將注意力轉移到了社會經濟問題的研究上，並為自己終於找到了排解、忘記小說創作活動失敗的痛苦辦法暗暗高興。

蕭伯納雖然敬仰馬克思，但卻沒有成為一個馬克思主義者，正如他雖然身受貧困失業之苦，但卻依然維持著都柏林「南方」紳士的威嚴，沒有加入任何社會民主聯盟。

1883 年 10 月 24 日，經過長時間的醞釀和磋商，蕭伯納和韋布夫婦決定創立一個此後必然會對英國中產階級和知識分子產生巨大影響力的知識分子團體。

一次偶然的機會，他閱讀到一本《多數人為什麼貧窮？》的小冊子。這是費邊社的第一本出版物。

費邊社是倫敦一個非常有影響的社團，他的成員是高級公務員、專門職業者、商人等。它的政治思想與古羅馬統帥費邊提出的「緩進待機、避免決戰」的作戰思想頗為相似，因此取名為「費邊社」。

當時，歐洲工人運動正處於低潮。巴黎公社革命的失敗，使許多社團對社會主義產生了動搖，費邊社恰在此時建立，他們否定無產階級暴力革命，認為應該用溫和漸進的辦法逐步對資本主義社會進行改良，讓社會主義和平「滲透」到資本主義中去，從而取得社會主義的「勝利」。

恩格斯曾經一針見血地指出：

在倫敦這裡，費邊派是一夥野心家。害怕革命是他們的本質性。他們多半是「有教養」的人，他們的社會主義是地方公有社會主義。

而蕭伯納一直認為自己是「有教養」的人，崇拜智力、相信知識，他認為，「費邊社具有博學、文化、個人大公無私的意義」。因此，只有 28 歲的蕭伯納決定加入費邊社。

剛剛加入時，蕭伯納不由感到從未有過的驚喜：共同的信仰能使陌生的人們變得親密無間，這讓從小就生活在藝術天地中的他全力以赴地投入了費邊社的活動中。

可以說，從 1884 年費邊社成立到南非戰爭前社會主義運動衰落的年月，是蕭伯納一生最光榮和最快樂的時期。他起草了費邊社的宣言，到處作激昂的演講，宣揚費邊主義，不斷擬定文章發表在《費邊論叢》上，很快成為費邊社的骨幹，被選為僅有的幾個執行委員之一。

但是，蕭伯納和一般的費邊評論者不同。他具有極其敏銳的觀察力，他能夠看到生活中的種種矛盾，而且大膽地加以揭露。

漸漸地，蕭伯納也意識到了費邊社的失敗，心裡又感到迷茫：

加入費邊社的好人

貧窮者依然貧窮，甚至更加糟糕，卑鄙的傢伙依然在統治著善良
而正直的人們；世界可以不經過流血而得到改善嗎？我永遠不會
產生什麼真正的影響了，因為我沒有殺過人，也不願意殺人。

他對一切新鮮事物和進步思想，對世界上的重大社會變革，
始終格外關注。他被建設新世界的偉大信念所鼓舞，一直致力於
社會主義思想的宣傳。他歡呼俄國十月社會主義革命的勝利，他
反對法西斯，反對帝國主義的侵略政策和擴軍備戰的政策。他深
刻地發出感慨：

社會主義既然在蘇聯行得通，在其他的國家也應該有它生根發芽
的土壤。

因此，列寧曾指出：「蕭伯納是一個墮入費邊社的好人。」

施展才華撰寫評論

蕭伯納在求職方面是個幸運兒，他的每一個職位都是人家把他推進去的。對此他自己曾說：「我從未奮鬥過，我完全是憑萬有引力飛黃騰達的。」

1883 年，蕭伯納在大英博物館閱讀時，偶然結識了同樣是 27 歲的著名記者威廉‧阿契爾，他是《帕爾‧馬爾公報》的書評記者和《世界雜誌》的劇評記者。

雖然兩個人地位懸殊，但是，兩個萍水相逢的年輕人卻一見如故。

阿契爾發現，蕭伯納不僅學識淵博、觀點新穎，而且文筆老練、風趣幽默，不由心裡大為欽佩。

1885 年的一天，阿契爾來到博物館，他見到蕭伯納果然正在閱覽室埋頭苦讀呢！

阿契爾來到蕭伯納身邊，他輕輕拍了拍蕭伯納的肩頭。蕭伯納抬頭一看是阿契爾，驚喜地說：「好多天沒見到你了，是不是忙得很哪？」

阿契爾卻沒有回答蕭伯納，而是拉起他就往外走，蕭伯納一時丈二金剛摸不著頭腦，只好跟著他來到休息室。

阿契爾從包裡拿出一本書，遞在蕭伯納手裡，興奮地說：「喬治，這本書是主編交給我的，讓我寫一篇書評，我工作太忙沒有時間，我知道你能勝任寫書評的工作，你願意試一試嗎？」

蕭伯納沒有推辭，他爽快地答應了阿契爾。

一回到家裡，蕭伯納就打開書仔細閱讀起來。此時的蕭伯納，早已不是當年為《大黃蜂》做「冒名」音樂評論員時那個層次了，經過五六年的艱苦磨練之後，他犀利的文筆中夾雜著機智與深刻，旁徵博引，幽默而風趣。

一夜之間，蕭伯納就寫出了一篇見解獨到的書評。第二天一早，他就將影印好的書評稿交給了阿契爾。

雖然阿契爾一直聽說蕭伯納是一個「快筆聖手」，但是如此之快也令他大為驚訝：「喬治，我沒想到你這麼快！」

當阿契爾認真讀了一遍蕭伯納這篇書評之後，他心中暗暗叫好。於是他拿著文章就去找到主編威廉·斯特德：「先生，您讓我寫的書評，由於我太忙，怕誤了排版，於是就拜託我一個朋友寫好了。」

斯特德聽了不由心裡很不痛快，因為書評往往要看評論者的名望，只有很有影響的作者，才會引起讀者的關注。而這位署名「G·B·S」的評論者，從來就沒聽說過有這麼一人。

斯特德失望之餘，一邊翻開稿子瀏覽著，一邊示意阿契爾先別急著離開，這明顯表示：如果這篇書評沒什麼價值，還得麻煩阿契爾親自操刀。

阿契爾胸有成竹，他從容地在斯特德對面坐下來，並觀察著主編臉上的表情變化。只見斯特德由開始的漫不經心，很快變得越來越專注，眼睛也從一條縫逐漸擴張，並且放射出喜悅的光芒。

阿契爾露出了得意的微笑：「喬治征服了主編，他成功了！」

斯特德一口氣讀完文章，長長地舒了一口氣，輕輕地靠在椅背上，用異樣的神情盯著阿契爾，然後他忍不住笑了：「夥計，你從哪找到的寶貝？」

阿契爾興奮地問：「那您願意為這個寶貝簽一分聘用合約嗎？」

斯特德爽快地答應了：「那還用說，誰遇到這麼個大寶貝，都不會讓他從眼皮底下溜掉的！」

蕭伯納取得了主編的信任，從此開始為《帕爾‧馬爾公報》寫書評，稿酬是每千字 42 先令。

不久，阿契爾又以同樣的方法把蕭伯納推薦給《世界雜誌》擔任繪畫評論記者。

《世界雜誌》由埃德蒙‧耶茲主編，是倫敦一分重要的暢銷刊物，就在蕭伯納在《帕爾‧馬爾公報》發表的書評已經引起了評論界的注意時，《世界雜誌》的繪畫評論記者恰巧不幸去世，雜誌社正急著應徵一位精通評論工作，又精通繪畫之道的記者。

埃德蒙‧耶茲聽了阿契爾的推薦，就同意讓蕭伯納試著寫兩個畫展的評論。不過，他同時安排這項工作的還有另外幾個來應徵的小有名氣的記者，他想透過公平競爭，擇優選用。

蕭伯納對繪畫之道頗為精通，因此他的兩篇評論文章輕易就博取了埃德蒙‧耶茲的大聲喝彩。就這樣，他被成功錄用了，稿酬是每行 5 便士，這是相當高的。

施展才華撰寫評論

以後，《明星報》的助理編輯馬辛安又把蕭伯納推薦給《明星報》的創始人托馬斯‧鮑爾‧奧康納，蕭伯納負責在晚報上每週編一期音樂專欄，他用「科諾‧迪‧巴西托」—— 莫札特軼歌曲譜裡提到的舊樂器的名稱作為筆名，在音樂欄上大做其插科打諢的滑稽文章，這一次他又成功了。

兩年之後，《世界雜誌》的音樂評論記者辭職出國了，蕭伯納於是辭去《明星報》的工作，在《世界雜誌》兼任音樂評論記者與繪畫評論記者，獲得巨大成功，成為評論界的奇才。

此後不久，蕭伯納認識了佛蘭克‧赫理斯，赫理斯當時是《星期六評論》雜誌的主編。蕭伯納為他寫了一兩篇評論文章後，赫理斯建議蕭伯納為《星期六評論》編一個戲劇評論欄。蕭伯納同樣獲得了成功。

才一年多時間，蕭伯納已經從一個失敗的小說家一躍成為出色的評論記者，一人兼寫書評、音樂評論、繪畫評論、戲劇評論，這是一般作家和記者難以企及的大家風度，G‧B‧S 已經成為大家最熟悉的評論人。

蕭伯納 20 多年來積聚的才華終於找到了用武之地，但他的工作也是十分辛苦的，那時人們看到他穿著一雙沉重的厚底鞋，一會鑽進音樂廳，一會來到歌劇場，一會奔向美術館。

後來，那雙厚底的皮鞋竟然磨透了，蕭伯納乾脆穿上了登山鞋，一次，一個阿爾卑斯山的旅遊者看見他穿著登山鞋，問他是不是經常爬山。蕭伯納說：「不，這雙皮鞋是在倫敦繪畫美術館的硬地板走動時穿的。」

蕭伯納每週要交 4 篇以上的評論，工作雖然辛苦，但他卻是一個非常令人欽佩的撰稿人，如果沒有什麼特殊原因，他總是及時交稿；他總是細心而謹慎，把他的文章的校稿樣改得很多，他總是以最大的努力從事工作。

赫理斯向來只請有名望、水準高的作家和記者擔任評論員，他曾這樣描述蕭伯納寫評論的態度：

他的評論文章同他的說話一樣，真實，非常簡樸，直截了當，清楚易懂，明晰誠懇而深刻。

他不裝腔作勢，沒有一點矯揉造作的樣子：他是一位完整一致的人物，他是來說服人家的，而不是來勸導人家的；他有的是坦白合理的議論，有的是用諷刺和幽默來議論；這種議論包含機智而深刻的幽默，這種幽默通常是理智的而不是情感的。

走上戲劇創作之路

蕭伯納到達倫敦之後，度過了 9 年的窮困生活。後來突然撥雲見日，還不到 30 歲，就成了當時倫敦一個出色的戲劇音樂評論家，但他卻漸漸不滿足。因為蕭伯納覺得，他寫文章時付出的代價比他所得到的報酬要高得多。

耶茲去世後，蕭伯納就離開了《世界雜誌》，開始尋找不像奧康納那麼怕事的編輯。他說：

> 我不要人家為我當槍靶，我自己也不想冒險到這種程度。但是我要找這麼一個編輯，我喜歡跑到近射程的地方，搖旗吶喊，好像他就在危險地帶那樣。
> 那些不敢跑近可聞槍聲的地方的人，對我毫無用處，我的編輯必須懂得什麼是好文章，而且在收到好文章的時候不會害怕。

1885 年，蕭伯納的父親突然在都柏林去世了，而這時，蕭伯納作為評論記者賺了 112 英鎊，同時他母親找到了合唱隊教練的職位。經濟上的困難總算解決了。

《星期六評論》的主編赫理斯稱讚蕭伯納說：

> 他是一位天才的業餘作家，可惜他不需要靠搖筆桿生活。他生來就是一位現實主義者；他在現代的現實潮流中生活，決心讓人家對他是什麼樣的人，他能做什麼事情等問題作一番實事求是的估價；同時，他也決心用同樣不留情面的絕對的標準，去評定其他一切男女。

他這種為真理而愛真理的特性是現代科學精神的產物，而在我看來，它具體表現人類前所未有的最高理想。

阿契爾祝賀蕭伯納取得了巨大的成功。有一天，兩個好朋友在一起談起了倫敦的戲劇創作，蕭伯納說：「當今戲劇界崇尚的纖巧曲折的創作方法和荒誕離奇的故事情節，這真是戲劇的悲哀。」

阿契爾聽到這裡，他突然眼前一亮，興奮地一拍大腿：「喬治，我覺得你適合寫劇本。你試著寫吧！」

蕭伯納聽了不由一愣，他沉思著對阿契爾說：「我從來沒想過從事戲劇創作。小時候在都柏林，我在和姐姐賭氣的時候說過，要寫出比莎士比亞的作品更偉大的戲劇，但後來我把全部精力都放在了小說創作上。但那 5 部小說都以慘敗而告終，威廉，我真不知道我是否適合寫大篇幅的東西。不過你今天這一說，不由得讓我想起了兒時的夢想。」

阿契爾看出蕭伯納已經有些躍躍欲試了，於是就向蕭伯納提供了一段情節，讓他寫幾段對白。

蕭伯納很快就寫完了兩幕，但是阿契爾一看就皺起了眉頭，他搖了搖頭，失望地說：「喬治，你的臺詞中的議論太多，但情節的影子卻一點也找不到。觀眾不會來聽你說教的。」

於是，阿契爾只好取消了與蕭伯納合作寫劇本的念頭。

蕭伯納一再坦率承認，他對參與暴力革命並沒有一絲一毫的熱情，但是社會嚴重存在的不公平現象，以及自童年起就形成的、一直維持至今的酒鬼父親糟糕形象的悲痛性影響，又讓他無法不對眼前的殘酷現實，保持耿耿於懷的永不妥協姿態。

走上戲劇創作之路

　　他需要迅速而立刻地找到全新的批判資本主義方式，以便心中日益集聚的焦躁、憤懣情緒能夠平靜下來。

　　1888 年，在一次社會主義者集會上，蕭伯納結識了馬克思的女兒愛琳娜。愛琳娜邀請他參加挪威卓越的戲劇家亨利・易卜生的《玩偶之家》（*A Doll's House*）的「社會問題劇」的非商業性演出。在劇中，愛琳娜扮演娜拉，蕭伯納扮演高利貸者柯洛克斯泰。

　　這是蕭伯納第一次接觸到易卜生。《玩偶之家》是易卜生的代表作。這部作品在當時引起了強烈的社會反響。

　　據說倫敦有人在家裡宴請客人時，主人不得不在客人面前放一張條子，寫著「莫談娜拉」，以免客人之間發生衝突。

　　過後不久，在參加阿契爾團體的聚會時，他又仔細聆聽了易卜生話劇《培爾・金特》（*Peer Gynt*）聲情並茂的朗誦。不久，倫敦又公演了易卜生的著名的《群鬼》（*Ghosts*）一劇，從此蕭伯納深深地被易卜生所吸引，開始研究易卜生。易卜生成了他心目中的現實主義藝術大師。

　　透過參與這兩次藝文活動，蕭伯納的心靈受到了很大觸動，他萬分激動地告訴愛琳娜：「一霎時，這位偉大的詩人的魔力打開了我的眼睛，使我同時領悟到他作為一個社會哲學家的重要性。」

　　這句話的潛臺詞意思是，他終於石破天驚地發現了突破長久以來一直困擾內心的表達方式，原來話劇這樣文學的表達方式到了易卜生手裡，竟然可以痛快淋漓地滿足他憤怒譴責批判資本主義的迫切願望，於是蕭伯納開始轉向戲劇方面的創作活動。

這篇講稿經過整理後，在 1891 年以〈易卜生主義的精華〉為題發表。在這篇講稿中，蕭伯納對易卜生的戲劇進行了全面的評價。他指出：

易卜生作為一位現實評論者和社會改革家，透過戲劇創作揭露社會弊端，在戲劇中強調嚴肅的討論和內容交鋒，從理智上吸引讀者和觀眾的注意力。

衡量戲劇好壞的標準，主要是看它的內容，看它是不是真實地反映了社會生活。我不是為藝術而藝術的擁護者，如果要我寫一個藝術作品，裡面只有藝術價值，沒有什麼別的，我絕不動一個指頭。

這篇論著成為歐洲戲劇史上一部重要論著。從此，蕭伯納開始把目光轉移到戲劇上來，決心以易卜生為榜樣進行戲劇創作。

1892 年，荷蘭人傑克·格林鼓動蕭伯納去接著寫他為阿契爾寫過的那個劇本的第三幕。這就是蕭伯納戲劇的處女作《鰥夫的房產》（*Widowers' Houses*）。

這個劇本是蕭伯納根據自己前幾年從事徵收房租的經歷和體驗寫成的：

在德國萊茵河畔的一家上等旅館裡，出身上流社會的醫生哈里·屈蘭奇愛上了資本家薩托里阿斯的女兒白朗琪。

鰥夫薩托里阿斯聽說屈蘭奇是貴族夫人洛克斯代爾的外甥，馬上另眼相看，贊同女兒與屈蘭奇成婚。這對情人被天平稱過金錢和門第的分量之後，他們的感情很快趨於白熱化。

原來，薩托里阿斯是倫敦貧民窟的大房東，他從窮人身上榨取房租，卻不肯修理危險房屋，他為此與收租員李克奇斯發生了衝突。

走上戲劇創作之路

李克奇斯被薩托里阿斯辭退了，他向屈蘭奇揭露了薩托里阿斯發跡的真相。

屈蘭奇想不到，自己的未來岳父竟然是這樣一個貪得無厭的吸血鬼，他自命清高，潔身自好，堅決表示不和薩托里阿斯同流合汙，並且取消和白朗琪的婚約。

老鰥夫明白了屈蘭奇和他女兒發生分歧的原因之後，不禁覺得很可笑。他把這個不懂世故的年輕醫生叫到自己的書房裡，向他指出：「你自己也是靠喝窮人的血長大的，與我相比，你並無清高之處。」

原來，貧民窟的地產產權屬於屈蘭奇家的，他家把它抵押給了薩托里阿斯。再由薩托里阿斯從剝削所得中抽取平分付給屈蘭奇家作為利息，而這項進款正是維持屈蘭奇一家上等人體面生活的主要經濟來源。而屈蘭奇自己每年 700 英鎊的收入就是來自這些利息。

從這個意義上說，屈蘭奇用的錢也不乾淨，而且甚至比薩托里阿斯更卑劣。

屈蘭奇面對現實，只得承認自己和薩托里阿斯是「同路人」。他與白朗琪盡釋前嫌，最後甚至跟薩托里阿斯和大地產投機商李克奇斯一起合夥做起房地產生意，宣稱「我入夥啦」。

1892 年 12 月 9 日，《鰥夫的房產》在倫敦皇家劇院上演。

演出落幕時，觀眾高呼：「作家來了！蕭伯納來了！」

蕭伯納穿著耀眼的灰色服裝出現在舞臺上，博得了觀眾的喝彩。

該劇連演 7 天，場場爆滿。劇本很快在社會上引起了強烈的反響。公正的報紙討論這部劇本達兩星期之久。

不但在一般的劇評或短評中進行討論，而且在社評以及讀者來信中進行討論。

蕭伯納永遠也忘不了阿契爾，他深有感觸地說：「是威廉‧阿契爾把我推上了戲劇創作的臺階。」

從此，開始了英國戲劇史上的「喬治‧伯納‧蕭時代」。

戲劇創作漸入佳境

蕭伯納開始了戲劇創作時期，他認為：「觀眾對戲劇感興趣的是真正生活的故事，行為的商討，表現在談話中的個性衝突，心靈的暴露，底蘊的揭穿，總括一句話 —— 生活的真正闡述。」

蕭伯納雖然以易卜生為榜樣，但兩個人又不盡相同：易卜生的戲劇多半具有悲劇的性質，而蕭伯納則傾向於幽默和諷刺。

繼《鰥夫的房產》之後，蕭伯納於 1893 年寫成喜劇《好逑者》和 4 幕劇《華倫夫人的職業》。

蕭伯納把《鰥夫的房產》、《好逑者》和《華倫夫人的職業》3 部劇本收入一集，定名為《不愉快的戲劇集》於 1898 年出版。

蕭伯納給這 3 個劇本取名為《不愉快的戲劇集》，是為了使讀者深思一下某種不愉快的事實。

《鰥夫的房產》說出了貴族與資本家同是靠剝削窮人而生活的深刻道理。而在《華倫夫人的職業》中，他又指出，在資本主義條件下，一般的工作並不能保證婦女的生活開支，華倫夫人和她的姐姐麗茲一樣，是靠開妓院才發了財，有錢供她的女兒薇薇上大學。

華倫夫人年輕時做過妓女，後來和她的情夫、資產階級貴族喬治·克羅夫爵士在歐洲大陸開設了許多暗娼旅館。

而她的女兒薇薇受過高等教育，以優良的成績畢業於劍橋大學。薇薇從來就不知道她的母親是做什麼生意的。後來當她和母

親在一起時，她第一次聽到母親的經歷，同時又從向她求婚的克羅夫爵士那裡得知他和華倫夫人合夥開設暗娼旅館的事實。

薇薇在精神上受到了重大的打擊，決心不再接受她母親的骯髒錢，而去一個律師事務所當統計員，過著獨立的生活。

當華倫夫人的女兒質問她為什麼要做那種行業的時候，劇情發展到高潮，矛盾集中呈現出來。華倫夫人憤然問她的女兒：「挨餓當奴隸，你能不能保持自尊心？一天賺一個半先令，幫人家擦地板，到後來，除了進社會救濟院，沒有第二條出路。」

隨後，華倫夫人向女兒提出忠告：「女人想過好日子，只有一條道：跟一個有錢又喜歡妳的男人在一起，要是妳的身分跟那個男人一樣，想辦法讓他跟妳結婚，要是妳的身分遠不如他，那可別打結婚的主意。何必打這主意呢？結了婚自己也不會快活。不信妳去問問倫敦上流社會做母親的女人，她們一定也會這麼說。不過我對妳是直截了當地說，她們對你拐彎抹角說，相差就是這麼一點。我懂得女孩子的脾氣，我知道，只要妳仔細想一想，妳就會回心轉意。」

而薇薇的回答也是一針見血：「原來妳就是這樣勸導別人的！媽媽，妳這套話一定跟好些女人說過了，所以說得這麼熟練。」

這個劇本透過華倫夫人墮落的血淚史，描繪在資本主義制度下被壓迫、被剝削的婦女的命運，辛辣地諷刺了資本主義社會裡人與人之間的冷酷的赤裸裸的金錢交易。資產階級以文明、高尚、體面為假面具，來掩蓋階級社會中的荒淫、腐朽和罪惡。

在資本家克羅夫和薇薇的一場對話裡，克羅夫說：「我為什

戲劇創作漸入佳境

麼不應該那麼投資？我跟別人一樣，放款吃利息。你不要以為我親手做過那種骯髒事。你未必會因為我母親的親兄弟倍爾格雷公爵有幾筆租金來歷不明，就不跟他來往。你也未必會因為國教事務委員有幾家租戶是賣酒的和有罪孽的人，就跟坎特伯雷大主教絕交。別人都挺乖巧地拚命往自己口袋裡塞錢，你要我把 25％ 的利息扔下不拿？我不那麼傻！你要想這樣拿道德標準來選擇朋友，除非你跟上流社會斷絕關係，要不然就趁早離開英國。」

這裡，蕭伯納用非常巧妙的技巧指出：社會希望你成為體面的人，不管你做的是什麼事情，社會並不深入追究你的利潤的來源。

在劇本裡，蕭伯納調動了多種藝術手段，加強戲劇衝突，使劇情波瀾起伏，跌宕多姿。劇中的對話和獨白相當精彩，生動洗練，富有節奏，構成了蕭伯納戲劇的風格基調。

《華倫夫人的職業》完稿後，倫敦獨立劇院就準備排練上演，但是卻遭到英國掌管審查戲劇的宮廷大臣的扼殺而被禁演。直至 1902 年，蕭伯納把劇本帶到美國，才在紐約正式上演。

1924 年，《華倫夫人的職業》已經被譯成幾十種文字，世界各國幾乎都上演了此劇，倫敦的檢察官才無可奈何地解除了禁演令。

英國的檢查制度起源於亨利八世，檢察官一直由宮廷大臣擔任。從那時起，檢察官對戲劇的壓制逐漸司空見慣，以致後來大多數英國劇作家不再進行反抗，而是讓宮廷大臣指導他們應當如何寫作。英國的戲劇便漸漸衰落下去。

由於英國的社會政治環境，蕭伯納的戲劇並沒有首先在本國取得成功，最早歡迎蕭伯納戲劇的國家是美國，其次是德國，斯堪地那維亞各國人民也始終喜歡蕭伯納，可能是因為蕭伯納一直提倡挪威劇作家易卜生的戲劇，他自己是師承易卜生來進行創作的。直至 15 年之後，英國人才知道自己國內已經出現了一個現代的莫里哀。

　　而《不愉快的戲劇集》中的另一部《好逑者》，則反映了關於易卜生主義、婚姻問題以及「新女性」問題的爭論。

　　蕭伯納一直是一個現實主義者，他不追求外貌逼真的戲劇場面，但卻能深刻地揭露現實社會中的尖銳衝突。在他的大多數劇本裡，問題的提出和解絕不是在動作中，而是在人物的對白中。

　　蕭伯納駕馭語言的才能和幽默諷刺的特點在劇本中得到了充分顯示。蕭伯納是擅長舞臺對話的文學大師，發出似非而是的妙論是他慣用的手法。他有一次這樣說：「我開玩笑的方法就是講真話。」

　　事實上，蕭伯納在開玩笑的表面背後，深刻地揭露了社會生活中的矛盾衝突，並把它表現在似非而是的調侃當中。不僅他的語言是似非而是的，他設計的戲劇場面也總是似非而是的。

　　在蕭伯納的戲劇中，社會現實好像被倒轉過來了一樣：看起來最笨的人，實際上卻聰明過人；看起來不過是一些罪犯或社會習俗和法律的叛逆者，實際上卻比虛偽的「道德家」更善良；看起來不過是任人擺布的玩偶、小醜，而實際上卻有著堅強的意志和獨立的人格。

戲劇創作漸入佳境

在《鰥夫的房產》中，蕭伯納就指出：「體面的中產階級和貴族青年子弟，正如糞上蒼蠅一般，靠剝削住在貧民窟的窮人而自肥。」他一針見血地揭示了當時的社會矛盾。

接下來，蕭伯納又發表了《愉快的戲劇集》，其中包括1894年寫成的《康蒂妲》和《武器與武士》，1895年寫成的《風雲人物》和1896年寫成的《難以預料》4部作品。

這4部作品的問世，進一步鞏固了蕭伯納在世界文壇上不可動搖的地位。

在喜劇《武器與武士》中，蕭伯納以機智幽默的對白，辛辣地諷刺了資產階級對戰爭、愛情、民族主義、財富和社會地位的浪漫主義幻想。在這個劇本中，蕭伯納第一次顯示了創作喜劇的天才。這齣戲劇於1894年在倫敦愛文紐劇院連續演出11個星期。

同年9月，《武器與武士》由理查‧曼斯菲爾德在紐約先驅廣場劇院演出。從那時起，蕭伯納就在美國打下了根基。而《康蒂妲》是蕭伯納在西方最受歡迎的喜劇之一。

蕭伯納從事戲劇評論和戲劇創作之後，有較多的時間是在劇團和劇院裡度過的。他和許多女演員有密切的接觸，對她們的生活命運有深切了解。在她們個人生活中，有的婚後受到丈夫虐待和遺棄；有的小有名氣之後，跑到社交界廝混，冷淡自己的丈夫和家庭；有的多次失戀。她們都把這些向蕭伯納傾訴。

當時的英國，婦女問題成為一些有識之士的研究課題。熱衷於社會問題的蕭伯納，對此也給予應有的注意，並寫出了《康蒂妲》。

康蒂妲是一個勤勞樸素的婦女。她的丈夫莫瑞爾是一個信仰基督教社會主義的人，他醉心於人道和博愛的宣傳。青年詩人馬本克闖入了康蒂妲的生活。馬本克揭露了莫瑞爾宣傳宗教的虛偽性，並熱烈地追求康蒂妲。

當康蒂妲在兩個男人之間選擇自己的歸宿時，她知道，這個詩人是為戀愛而戀愛的；而她的丈夫，既愛她，也愛自己的工作，他需要她，也需要自己的工作，這是他賴以生活下去的支柱。

莫瑞爾向康蒂妲表白說：「我的力量來保衛你的生命，我的忠誠來保障你的安全，我的才能和勤勞來維持你的生活，我的權威和地位來維護你的尊嚴。這是男子漢應該獻給女人的一切。」

馬本克卻非常鄙視莫瑞爾的懦弱：「他呀，他要保護別人，幫助別人，並且為別人工作，幫他生孩子，讓他去保護、幫助和為他而工作。他要別人，比如說一個成年後又變成了小孩的人，哦！你這個傻瓜，你這個大傻瓜！」

而康蒂妲認為，幫助弱者乃是女人的天職，於是她說：「我把我自己交給兩人中間的弱者，我決定和丈夫生活在一起。」

馬本克和莫瑞爾經過一場愛情衝突後，對婚姻和愛情問題的認識都提高了一步，同時，莫瑞爾與康蒂妲也在加深相互了解的基礎上建立了美滿的夫妻關係。

最後，康蒂妲微笑著總結說：「現在讓我們像三個朋友那樣，舒舒服服地坐下來談一談吧！」

這是一個對傳統的三角戀愛故事顛倒的喜劇。蕭伯納在這個劇本裡，用他擅長心理刻畫的藝術手段，把康蒂妲的個性、信仰、憧憬和心靈，描寫得淋漓盡致。

戲劇創作漸入佳境

康蒂姐看透了自己丈夫莫瑞爾的巧妙言辭「不過是毫無意義的廢話，不過是像小孩一樣拿這些話來哄哄自己和別人罷了」，但是，她又沒有勇氣與莫瑞爾決裂。她渴望真理、自由，但她又不願意破壞她慘淡經營起來的那個安逸舒適卻又庸俗單調的家庭。

這個劇的結局是維護了資產階級家庭秩序，明顯地暴露出蕭伯納「費邊主義」即改良主義的思想，當然，也展現了蕭伯納在道德和婚姻觀念上的嚴肅態度。

《康蒂姐》標誌著蕭伯納的藝術才能已經到了爐火純青的地步。該劇在英國各地公演後，反響強烈。後來又在美國、法國、比利時等國家上演，經久不衰。作者將康蒂姐塑造成為一個感情真摯、熱情，道德高尚，關鍵時刻能掌握自己命運的善良女性。這一人物塑造得相當成功。

蕭伯納自己總結康蒂姐時說：

從傳統觀點上看來，她是一個沒有「品格」的女人。如果她沒有思想上和心靈上的力量的話，她將成為可鄙的妓女和縱慾者。
她的坦率是出於她的本性，而不是傳統道德的產物。世界上再也沒有什麼能比她和馬本克離別的話含有更多的殘酷無情的理性：
「很好，我的孩子；但是我不能想像 50 歲的我跟一個 35 歲的丈夫共同生活。」
正是這種擺脫感情的力量，這種對家庭觀念所表現的沒有偏差的智慧，使她對整個局面取得了絕對控制權。

除了《不愉快的戲劇集》和《愉快的戲劇集》外，蕭伯納還創作了由《魔鬼的門徒》、《凱薩和克莉奧佩特拉》和《布拉斯

龐德上尉的轉變》組成的《為清教徒寫的三個戲劇》。

在《為清教徒寫的三個戲劇》的序言裡，蕭伯納抨擊了當時英國戲劇界的頹廢主義和自然主義的傾向，倡導正直的藝術，反對庸俗頹廢的藝術。

在《魔鬼的門徒》和《凱薩和克莉奧佩特拉》中，蕭伯納就運用歷史來影射當時的現實，一方面揭露和批判醜惡與專制，另一方面歌頌自由與崇高。

《魔鬼的門徒》是以美國獨立戰爭為背景展開全劇故事的。該劇在揭露和鞭撻英國統治者殘酷的殖民統治的同時，頌揚了「魔鬼的門徒」理查熱愛自由、勇於獻身的英雄氣概，他與自詡為純潔、高尚而實際上自私虛偽的清教徒特琴太太形成鮮明的對比。在這裡，蕭伯納又設計了一個顛倒的場面，發人深省，意味深長。

而《凱薩和克莉奧佩特拉》，則是蕭伯納作為對莎士比亞歷史劇創作方法的對抗而寫出的。莎士比亞曾經寫過《安東尼與克莉奧佩特拉》，蕭伯納就說：

> 我寫這個劇本是要表明自己勝過莎士比亞，我要用現實主義代替他的浪漫主義。有人說我是莎士比亞以後最偉大的戲劇家，我雖然不能保證自己是當代最偉人的「販賣惹人歡笑或落淚的情節的商人」，但肯定是最優秀的 10 個戲劇家之一。

蕭伯納在《凱薩和克莉奧佩特拉》中，將凱薩與英國的政治家們加以對比，把他描繪成一個冷靜的「現實主義者」，英明地、堅決地為著實現目標而行動起來。

戲劇創作漸入佳境

蕭伯納雖然以戲劇創作為職業，但他的戲劇多數是為客觀需要而寫的應徵之作，很少是純粹以寫作為目的、受內心的驅使而完成的。

比如《華倫夫人的職業》是應錫尼·韋布夫人的請求而作。她因為厭惡《好逑者》裡那個被性慾迷住的女人，所以請蕭伯納以一個沒有浪漫色彩的，努力工作的現代婦女為題材，寫一齣戲。

而《武器與武士》是為了要幫霍尼曼小姐和弗洛倫斯·法爾的忙趕寫出來的，使她們的老牌愛文紐劇院不至於因營業失敗而倒閉。

另外，《康蒂妲》則是為珍妮特·阿丘奇創作的；《風雲人物》是為理查·曼斯菲爾德和愛蘭·黛麗創作的；《難以預料》是應西里爾·莫德的委託創作的。

在蕭伯納的一系列劇本獲得成功之後，他成了眾目關注的知名人物，這樣就有更多的人向他約稿。一些曾演過他的戲劇的演員與他的關係越來越密切，他也為這些演員特意創作了幾部作品。

《魔鬼的門徒》是為特裡斯和曼斯菲爾德創作的，這個劇本在美國演出，獲得極大的成功。凱薩一角是他扮演哈姆雷特以後最卓越的成就。

《布拉斯龐德上尉的轉變》是為愛蘭·黛麗創作的，因為當她第一個孫子出生時，她告訴蕭伯納說，沒有人願意給一個當祖母的人寫劇本了。

現在，蕭伯納既要忙於費邊社的集會和演講活動，為費邊社撰寫大量文章，又要不斷地進行戲劇創作以滿足朋友的需要、演員的需要或觀眾的需要。從此，他才真正成為一位名副其實的戲劇家、評論家、小說家和社會演說家。

這是蕭伯納戲劇創作的第一時期，他已經形成了自己獨特鮮明的風格和特點，除了發出似非而是的妙論、設計不合常理的顛倒場面、善於描寫人物對白而並不重視情節的精心安排等特點之外，還有一個特點：他提出了各種社會現實問題，卻沒有把讀者和觀眾引向一定的結論。他的劇本結局並不包括最後的道德教訓，而往往只是提出問題。

正如一位英國的評論家所指出的：

透過他塑造的人物，他以巨大的力量和敏銳的觀察力，以翱翔於悲劇之上的詼諧的靈感，暴露了現代社會的一切矛盾。

他的劇本被稱為「僅僅是」談話、討論、辯論的劇本。

他以英語作家中無可比擬的熱情，去揭露資本主義社會的罪惡。

他在光榮的孤立中隻身作戰。

不惑之年喜結良緣

　　蕭伯納作為劇評家和劇作家，在職業上和女演員們常常有接觸的機會，他親切地稱她們與自己「志同道合，意氣相投」。因此和她們建立了許多永久的友誼關係。

　　儘管蕭伯納與她們保持著交往，有的甚至超過了 30 年，但是卻沒有與她們中的一個結婚。他們的交往一直建立在彼此尊重的基礎上，是一個戲劇家與其職業上的關係，當蕭伯納果真遇到一些女演員的追求時，他也會機智巧妙地解決問題。

　　有一個對自己的容貌和身段都相當自信的女明星，一心追求蕭伯納，要求和他結婚。她的理由是：「我有舉世公認的美貌，你有世界聞名的智慧，如果我們結婚，生出的小孩子有像我一樣美麗的容貌，像你一樣聰明的頭腦，豈不是天下第一流的人物嗎？」

　　而蕭伯納聽了以後，笑了笑說：「那麼如果是有像我一樣的容貌，像你一樣的頭腦，不是糟糕了嗎？」

　　蕭伯納就這樣逃過了一個個女明星的追求。

　　蕭伯納到了 40 歲的時候，已經在文學藝術上取得了輝煌的業績，尤其在戲劇創作上，接連幾部劇本成功，使他成為了舉世公認的偉大的戲劇家。但是，蕭伯納的愛情生活卻直至 40 歲時才剛剛開始。

　　在之前的歲月裡，蕭伯納與他的母親以及一個女僕住在斐茲洛伊廣場三樓。他們之間非常和睦，但是他們從來就不曾親密接

觸，也不會同桌吃飯，更談不上互相交流。母子各自過自己的生活，走自己的路，彼此之間從來沒有摩擦和碰撞，他們的生活是絕對自由的，蕭伯納開玩笑說：「我們都在沒有家庭生活的情況下找到了一個幸福的家庭。」

蕭伯納白天都在大英博物館的閱覽室裡博覽群書，晚上則不是在公共集會上度過，就是去劇院或音樂會做他的評論工作。在家的時候，他就總待在自己的臥室裡，飲食起居全由自己處理。

在蕭伯納成家前，他一直和兩個已婚家庭保持著深厚的友誼。秋天的假期，他和錫德尼·韋布家人同度，在復活節假期，他和亨利·索爾特家人同住。

韋布夫婦是一對努力從事寫作而在文藝技巧方面還不大有自信心的青年伉儷，蕭伯納為他們提供了很大的幫助。他有使人料想不到的意見和觀點，可以把他們的機智磨得很鋒利，而且也能使訪問者感到有趣。同時，韋布還是費邊社的主要領導人。

索爾特是個狂熱的雪萊信徒，他以雪萊的傳記作者和一部名為《在野蠻人中間生活七十年》的自傳而聞名。索爾特的夫人喜愛彈鋼琴，蕭伯納因為崇拜雪萊，並彈得一手好鋼琴，深受索爾特夫婦的喜愛。

因此說，蕭伯納和韋布夫婦共同生活時是非常活躍的、充滿熱情的，而他與索爾特家人一起居住時卻是安靜而快活的。就這樣，蕭伯納在斐茲洛伊廣場之外又找到了另外的家。

當夏綠蒂·潘旦馨 1896 年闖入蕭伯納的生命裡時，蕭伯納一直在這兩個家庭裡過著這樣婚前的愉快生活。

不惑之年喜結良緣

夏綠蒂‧潘旦馨是一位富家小姐，生活於倫敦的上流社會。但她卻具有叛逆的個性，對宗教發生懷疑，提倡女性解放，因而她也選擇了費邊社，走上了社會主義的道路，成了一個堅定的女權主義者。

而蕭伯納自從加入費邊社以來，一直是該團體的積極成員，整日忙於集會、演講和撰寫文章，偶爾有些閒暇時間，就常到韋布家去。

夏綠蒂‧潘旦馨經過她姑母的介紹，與韋布夫人認識。當時，韋布夫婦從德比鎮一個行為古怪的鎮書記官那裡繼承了一分遺產，他們打算用這筆並不充足的款項創建一所「倫敦經濟學校」，夏綠蒂‧潘旦馨慷慨解囊，資助韋布夫婦的工作，增強他們的經濟力量。

不久，韋布夫婦終於可以租得起阿德爾斐坊 10 號作為臨時校址，而夏綠蒂‧潘旦馨自己又租了最高的兩層作為居住的寓所，就這樣，她與韋布夫婦建立了友誼，成為韋布家中的座上賓，並經韋爾夫婦的介紹認識了不少費邊社的成員。

後來，韋布夫婦邀請夏綠蒂‧潘旦馨一同到斯特拉特福‧聖安得魯斯的教區長的住宅去度秋天的假期。她欣然接受了他們的邀請。當她到達目的地時，才發現蕭伯納已經住在那裡了。

在此期間，韋布夫婦又忙於他們自己的著作，無暇顧及客人，這樣就使客人們有了充分的機會自尋娛樂了。

蕭伯納一開始就給夏綠蒂‧潘旦馨留下了深刻的印象，在韋爾夫婦家做客時，他們倆就經常談心，交流思想。透過這次度

假，兩人的感情便日漸深厚起來。

當蕭伯納寫完劇本《難以預料》之後，就開始在阿德爾斐坊10號最上層夏綠蒂‧潘旦馨的寓所消磨空閒的晚上了。那時他們即使沒有訂婚，也處在很親密的關係中，而且夏綠蒂‧潘旦馨還當過蕭伯納的義務祕書，成了他工作中的夥伴。兩人真是志同道合，配合默契。

蕭伯納一直自己負責管理自己，幸運的是他除了在1881年出過一次天花外，不曾患過什麼重病，偶爾有個感冒發燒，頭疼腦熱，也盡量熬過去，無須醫生和看護。

就在蕭伯納第二次與韋布夫婦在蒙默思度過秋天的假期之後，韋布夫婦去做環球旅行去了。而蕭伯納的身體卻突然垮了下來。

長期以來，蕭伯納總是把晚上的時間消磨在空氣惡劣、擁擠不堪的音樂廳、劇院和政治集會的場所，他在星期天做高談闊論的長篇演講，還要為費邊社擬定一些沒有報酬的宣傳文章，寫大量的信件，有時也為一些社會主義派的候選人拉選票。這些事情使蕭伯納忙得不可開交，身體日益衰弱。

結果，一條過緊的鞋帶，弄得蕭伯納的腳背上生了膿包，打開一看，竟發現骨頭壞死。傷勢並不是很厲害，但當時盛行利斯特防腐劑治療法，醫生在動完手術後，給他塗上了三碘甲烷，結果傷口不能治癒。

蕭伯納拄了18個月的拐杖。在此期間，他整日地躺在斐茲洛伊廣場三層自己的小屋裡。他的生活環境依然很糟糕：屋子裡光線黯淡，設備陳舊，物品擺放得雜亂無章，布滿灰塵。

不惑之年喜結良緣

　　女僕也根本沒有盡到照顧病人的義務，只是偶爾拿些半冷不熱的雞蛋等食物放在蕭伯納伸手可及的地方，而且常常是放在一個蒙滿灰塵的報紙上。

　　總之，在這裡讓一個人逐漸恢復健康幾乎是不可能的，能夠使病情不再惡化已經是萬幸了。

　　夏綠蒂·潘旦馨已經好多天都沒有看到蕭伯納了，她只好到斐茲洛伊廣場去探望蕭伯納，作為一個富家小姐，她是生平第一次去這種地方。

　　當夏綠蒂·潘旦馨推開蕭家大門時，她不由得驚訝地對蕭伯納說：「你的養病環境實在是太差了，我平常看到過的為照顧病人所採取的措施，在這裡幾乎都找不到。我以為一切美觀、整潔、明快、讓人心情舒暢的東西，在這裡也都看不見。這種環境，是由於你長期被漠視，這必然會導致你的病情迅速惡化。這不行，我必須把你搬離這裡。」

　　其實夏綠蒂·潘旦馨所感到的這種壞的生活環境，在蕭伯納和他母親看來卻是再正常不過了。蕭伯納從小就過慣了貧困和獨立的生活，既缺乏必要的生活資料，也缺少起碼的關心和照顧。

　　雖然蕭伯納對他自己的生存環境總是滿不在乎，但夏綠蒂·潘旦馨卻忍受不了他這種境況。於是夏綠蒂·潘旦馨立刻在薩裡郡的欣赫德租了一間房子，打算把蕭伯納搬到合乎衛生要求的空氣中去療養。蕭伯納的母親對此已經習慣了，她沒有表示反對，因為無論蕭伯納是到韋布夫婦家，或是到索爾特夫婦家，還是到另外的地方，都是他的自由。

蕭伯納是一個很謹慎的人，他害怕這樣會妨礙夏綠蒂‧潘旦馨的聲譽，女人的尊嚴絕不該因為他的緣故而受到傷害。他對夏綠蒂‧潘旦馨說：「你可知道你的朋友會怎樣想嗎？沒有人會相信你純粹是由於無私的忠誠才這樣看護我的，你在世人的眼裡已經完了！」

但夏綠蒂‧潘旦馨根本不理這些，她唯一的願望就是讓蕭伯納得到適當的護理、補養和照顧，儘快病體痊癒，恢復健康。她說：「我不聽你的這一派胡言，你必須去欣赫德，我會好好地照顧你。」

夏綠蒂‧潘旦馨多次勸說後，蕭伯納的心理防線被這個慈愛溫柔的好護士徹底沖垮了，他不能再繼續作出無情的表示，他想出了一個兩全其美的解決方法。

1898 年，42 歲的蕭伯納心情舒暢、精神煥發地對夏綠蒂‧潘旦馨說：「你去買一枚戒指和辦一張結婚證書來吧！」

就這樣，在一個星期之內，蕭伯納就與夏綠蒂‧潘旦馨結了婚。

大喜的日子裡，他們的兩位證婚人格雷厄姆‧華萊士和亨利‧索爾特為了慶賀這個良辰吉日，特地穿了很講究的衣服。而新郎蕭伯納病得還很重，他是拄著拐杖，穿著一件腋窩被拐杖磨破的短上衣去的。

登記處長沒有想到他就是新郎，錯把他當成辦完結婚手續時必然會出現的乞丐了，而把身高 6 英尺餘、衣冠楚楚的華萊士認作是新郎，於是這位處長沉著鎮靜地要把新娘夏綠蒂‧潘旦馨嫁給華萊士。

不惑之年喜結良緣

正在這緊急的時候，作為證婚人的華萊士覺得這種做法似乎有點使他越出證婚人的權限，終於在最後一分鐘猶豫了一下，將新娘還給了蕭伯納。

當韋布夫婦旅行歸來時，他們發現這對新婚夫婦已經在欣赫德度蜜月了。蕭伯納對他們說：「我們結婚了，因為彼此都感到對方是必不可少的人。」

結婚改變了蕭伯納的一些生活習慣，他再也不會像從前單身時那樣行動自由了，他的生活安定了，錢也越來越多，人們常見他陪著喜歡遊玩的太太外出旅遊，當年梅菲斯特式的蓬亂的紅鬍子也修剪得整整齊齊。

蕭伯納已經變成一位坐在安樂椅上的幸福的人，碼頭的大門口、公園、郊區的公用草地、廣場和市政廳、街角的售貨攤、街頭藝人的表演場所，已經很少能再看到他那忙碌的身影。他已經習慣「在家過星期日」了。

蕭伯納在經歷了人生風風雨雨 40 年後，就這樣度過了一生中最神聖、最難忘的日子。然而，在這之後的很長一段時間裡，蕭伯納作品中的費邊主義色彩日趨濃烈，對資本主義的批判也沒有早期那樣有力了。

但是，自從他與夏綠蒂·潘旦馨結婚後，他就過著穩定的家庭生活，在舒適的家庭和有保證的收入的環境裡，他在戲劇藝術上獲得了巨大的成功。

創作新世紀三部曲

蕭伯納的婚姻是美滿的、和諧的、幸福的。當年的蕭伯納身材細長、形容瘦削，經常在生活上得到妻子細緻入微的照顧。

夏綠蒂·潘旦馨是一個舉止文雅、溫柔體貼的人，她深知自己的丈夫是獨立性高的藝術家，應該尊重他的自由，讓他在一個溫暖舒適的家庭環境中，有充分的、足夠的機會獲得成功，有所造詣。

蕭伯納在還是單身時，就已經在文壇上取得了相當的成就，財富和名譽紛至沓來，再和富家女夏綠蒂·潘旦馨結合，更使他的生活越來越優裕、舒適。

但是，結婚後的蕭伯納並沒有以劇作家自居，貪圖安逸，而是更加努力地創作，不斷有新作問世，創作水準也逐漸登峰造極。

夏綠蒂·潘旦馨給予蕭伯納生活上和事業上大力的幫助。夏綠蒂·潘旦馨不僅是一個善良賢惠的好妻子，她還具有相當的文學素養。早在與蕭伯納結婚之前，她就曾經把法國戲劇家尤金·白里歐的包括《母性》在內的 3 個劇本翻譯成英文，編成一本書。她的譯作相當成功，在美國特別暢銷。

有這麼一位道德和文化修養都很高的妻子，再加上蕭伯納自己的才華與膽識，他的成功是注定的、必然的。

蕭伯納充滿深情地對妻子說：「如果說我在結婚前就已播下了

大量成功的種子，但是成功的果實都是在與您結婚後才獲得的。」

時間很快就走過 19 世紀進入了 20 世紀，這時，歐洲資本主義強國進入到帝國主義階段。

1897 年至 1902 年，英國對非洲的布爾人發動了大規模的侵略戰爭，引起世界公正輿論的憤怒譴責。英國知識分子對這場戰爭表達了極大的憤慨。

而蕭伯納由於受費邊主義的影響，不能正確理解這場戰爭的性質，也無法找到解決帝國主義時代社會矛盾的正確途徑，一時陷入了深深的苦悶之中。

蕭伯納最終發現，不但他自己，甚至費邊社的其他許多知識分子，實際上都只會說空話。但要真正地向馬克思主義的暴力革命立場轉移，蕭伯納又非常的不情願，並表示：「如果此刻發生了社會暴動，人們只能從床底下的某個角落裡找到我驚悚的身影。」

20 世紀伊始，蕭伯納又有一系列作品問世，其中不少是給讀者和觀眾留下深刻印象、極受歡迎的劇本。

1903 年，他利用唐璜的傳說而寫成的《人與超人》；1904 年，寫出了根據愛爾蘭問題來揭露和剖析英帝國的《英國佬的另一個島》；1905 年，創作了描寫無恥之徒軍火大王安德謝夫的升官發財史的動人心魄的《芭芭拉少校》。

《人與超人》是蕭伯納在思想困惑時，企圖在生物學中尋找解決社會問題的辦法而創作的劇本。他在劇本裡提出的主要觀點是：如果人類依靠自己的意志和智慧與宇宙間的進步力量，即

「生命力」密切合作，那麼人類有可能演變成為具有較多的利他主義思想和較少的破壞性的族類。

但是，這個主題在《人與超人》中包含著諷刺的成分。「生命力」的理論事實上是企圖表明，人類只有變成另一種動物才有生存下去的可能。

在《人與超人》裡，蕭伯納仍然保持其現實主義傳統，批判、揭露社會問題，但他已經覺察到自己在費邊分子影響下形成的改良主義幻想根本於事無補，所以又提出了「生命力」理論。

這是一部包含著哲理的喜劇。整個喜劇情節建立在富裕的女郎安娜追求她的未婚夫鄧納爾這點上。鄧納爾擺脫了安娜的追求，可是他遇到了匪徒，最後他終於成為頑強地追求他的安娜的犧牲者。在安娜身上展現出生命力，它的使命就是為人類傳宗接代。

劇中主角鄧納爾扮演了揭露資產階級虛偽道義的角色，在他的奇談怪論裡隱藏著點滴的真理。他在回答曼多查承認自己是個強盜並以搶劫富人為生時大膽聲稱：「我是紳士，我是紳士，我以搶劫窮人為生。」在這紳士與強盜的談話中，深刻揭露了表面現象掩蓋下的本質，道出了資本家無情剝削工人，富人剝削窮人的真理。

在這部聞名世界的著作中，包含著晦澀難懂的成分，因為其中不僅反映了作者反科學的哲學思想，而且還夾雜著他先前就有的神祕主義和改良主義的傾向。

蕭伯納在此劇之後還帶了一個附錄，題名為《革命家手冊和

袖珍指南》，還附有「警句」，由各種諺語和妙論組成。由它的名稱可以看出，蕭伯納這個附錄是為人們提供的指南，不致墮入迷途。

《人與超人》的問世，奠定了蕭伯納作為西歐戲劇大師的地位。從此，蕭伯納就獨出心裁地創造了自己的戲劇模式。

《英國佬的另一個島》是一個政治性很強的劇本。同樣流露出蕭伯納視革命群眾為群氓，崇拜超人的思想傾向。深刻揭露了英國資產階級對愛爾蘭人民施以欺騙和掠奪的手段來進行其殘暴統治，以辛辣的諷刺語調批判了野心勃勃、利慾熏心的英國佬對被壓迫的愛爾蘭採取「打一巴掌再給糖吃」的政策。

英國企業家博饒本自命為「自由主義者」，但是，他實際上卻唯利是圖，是一個為達目的不惜任何手段的傢伙。對他來說，最重要的是生意，一切感情都可以拋在一旁，但如果感情可被利用來為生意服務，他當然也不惜付出。

博饒本把所有的注意力都集中在了他必須極力予以保護的鄰島愛爾蘭上了。他和他的夥伴杜依爾組織了一個土木工程公司，來到落後的愛爾蘭農村，以貸款的辦法，用欺詐的手段，攫取佃農的土地，使他們迅速走向貧窮和破產。

蕭伯納對這一劇本作了成功的結構設計，詼諧幽默的場面和憂鬱抒情的情境相互交替出現。他運用豐富的俏皮的聰明才智描寫「格萊斯頓式」的英國人在議員選舉之前要盡各種把戲來欺騙愛爾蘭人的罪惡事實。

英國人博饒本採取格萊斯頓所實施的「皮鞭與甜餅乾」的政策，對群眾許下毫無意義的承諾，甚至不惜宣稱自己即將與愛爾

蘭人結婚。總之，他用盡各式各樣狡詐與偽裝的方式打敗自己的對手而獲得了議員的席位。

博饒本和他的同夥的殘忍已經到了無以復加的程度。他們公然宣稱道：

> 我們的聯營公司是沒有良心的，它對於哈弗干、杜蘭和杜元一類
> 傢伙，對於一批中國勞力，是一樣不管死活的，正像捕鼠機上放
> 上肉來誘殺老鼠一樣冷酷無情。

而蕭伯納安排了與這個狡猾兇狠的市儈形成鮮明對比的人物，那就是孤獨的克干。

克干浪漫地愛著自己貧窮而且充滿不幸的國家，大膽地責備博饒本的虛偽，並指出博饒本之所以會成為議員是由於他謊言惑眾，欺騙人民，並以賄賂手段拉選票。克干是一個脫離現實的幻想家，他夢想著一個「生活合乎人情」的世界，但他卻找不到實現這一夢想的道路。

克干這一人物形象貫穿整個劇本，給劇本帶來了富有詩意的憂鬱、悲傷、絕望和不合實際的空想成分。

劇終時，克干帶著憂鬱與深思登上了小丘，他的影子漸漸地遠去、消失了。而那個幸運的狡猾兇狠的博饒本則正在邀請他的愛爾蘭女伴選擇他們的美麗新居。

蕭伯納在這部劇本中，反映了他思想觀點的某些側面：

> 我雖然生於具有光榮的民族解放鬥爭傳統的愛爾蘭，但卻看不到
> 民族解放運動的力量，而只是像克干一樣，「彷彿是要在落日的
> 餘暉中尋找通向天堂的大道」。幸好他還對未來抱有希望，相信

創作新世紀三部曲

「末日無論如何會到來的」，「總會有一個時候，人們之所以賞識愛爾蘭不是由於它的礦藏豐富，而是由於它的兒女優良，我們等著瞧吧！」

《英國佬的另一個島》這部為愛爾蘭民族劇院所創作的作品，在戲劇創作水準上達到了很高的標準，無論是人物塑造，還是結構安排，都表現了蕭伯納獨具匠心之處，是戲劇史上不可多得的佳作。

1905 年，蕭伯納又寫出了他一生中最優秀的作品之一《芭芭拉少校》，這部作品是蕭伯納創作走向成熟的重要標誌。

英布戰爭之後，英國工人運動不斷高漲。1905 年的俄國革命，在英國產生了巨大震動。這兩件事，都對蕭伯納產生了深刻的影響。正是在這種情況下，蕭伯納決定描寫一部軍火商的具有人道主義思想的女兒芭芭拉少校故事的戲劇。

在劇本創作之初，蕭伯納原想用《恩特萊‧安德謝夫的職業》為題，但又擔心容易使讀者聯想起《華倫夫人的職業》而對主題產生歧義，便決定直接用主角的名字，就叫《芭芭拉少校》。

該劇的主角是出身於軍火商世家的安德謝夫，他是一個厚顏無恥、貪得無厭、堅信金錢萬能的軍火商。他之所以能依靠軍火飛黃騰達、升官發財，就是由於他不擇手段，以「寡廉鮮恥」作為人生格言。

安德謝夫害怕革命，在革命的力量面前嚇得發抖，為了瓦解工人的反抗，不惜巨資收買工人中的高層，使他們成為保守主義者。

安德謝夫的女兒芭芭拉熱愛社會活動，為了拯救窮困，她參加了慈善組織救世軍，整天奔波忙碌，並被升為少校。

在這裡，蕭伯納又一次發揮了他諷刺挖苦的特長，生動地刻畫出安德謝夫這一「死亡工廠」廠主衣冠楚楚的外表下所掩蓋的貪婪無恥的醜惡嘴臉。

一個隱姓埋名的富翁肯為救世軍捐款 5,000 英鎊，但需要有另一個人肯捐出同樣數目的款項，他才答應付款。芭芭拉為此四處奔走。為了博得女兒的好感，安德謝夫答應捐 5,000 英鎊。

芭芭拉因為父親是軍火製造商，賺錢手段與救世軍的宗旨相牴觸，拒絕接受。但安德謝夫使出花言巧語，使芭芭拉少校逐漸相信她的父親支持救世軍。

而她的情人柯森斯也從過去批評軍火大王轉而妥協，成為安德謝夫的夥伴和「死亡工廠」的繼承人，儘管他仍然堅持自己已經擬訂的計劃，支援應該掌握政權的人民，但人民究竟透過什麼途徑來掌握政權，誰也不清楚。

後來真相大白，那隱姓埋名捐款的富翁，原來也和安德謝夫一樣，是製造殺人武器的資本家。芭芭拉看到，慈善事業並不慈善，它是靠資本家豢養並為資本家服務的。芭芭拉的幻想徹底破滅了。

在這個劇本中，蕭伯納對資產階級和資本主義制度下的機構所做的揭露和鞭撻，是極其深刻和猛烈的。

在劇中，安德謝夫簡直就是一個「混世魔王」。他家經營軍火已經有 200 多年的歷史了，傳到他已經是第七代了。安德謝夫

的哲學理論是「一切都可以買賣」，行動口號是「殺戮」。

總之，安德謝夫的生意經、發家史、座右銘，還有他那一整套思想體系，都揭示了資本主義走向帝國主義階段表現出來的寄生性、腐朽性和極大的瘋狂性。

此外，《芭芭拉少校》也觸及了壟斷資本家和資本主義國家機器的本質。這透過安德謝夫對他前妻的兒子傲慢的一番自我標榜中就可見一斑：

> 我就是你國家的政府，你以為像你那樣笨蛋，跑到胡說專傢俱樂部裡去清談一陣，就能管得住安德謝夫 —— 拉查雷斯公司嗎？
> 不行的，朋友。怎麼對我們有利，你就得怎麼做。
> 戰爭對我們有利，你們就製造戰爭；和平對我們適合，你們就維護和平。別人要是想法壓低我的紅利，你們就調出警察來鎮壓他們。為了報答你們的盛意，我開的報社就支持你們、表揚你們，讓你們感到自己是偉大的政治家。

這種觸及資本主義社會要害的議論，在 20 世紀初期的戲劇創作中是極為少見的。

《芭芭拉少校》就如一顆猛然爆裂的炸彈，在當時的英國和歐洲造成了巨大的戰鬥作用。

3 年內陸續寫出的這 3 個劇本實際上是一個三部曲。1919 年，蕭伯納在致這 3 個戲劇的德文翻譯者，德國作家西格弗裡德·特裡比奇的信中稱它們為「三大戲劇」，可見他對這 3 個劇本的重視。

積極開展劇院運動

戲劇創作上的成功，使蕭伯納對戲劇產生了很大的興趣，1904 年至 1914 年期間，進入了蕭伯納戲劇創作的第二段時期。

1909 年，蕭伯納創作了《布蘭科·波斯內特的出現》一劇，他試圖吸取托爾斯泰的創作經驗，採取他深入理解人民生活本質與特點的方法來創造現實的人民的戲劇。

《布蘭科·波斯內特的出現》的故事饒有風趣，主角布蘭科·波斯內特是一個大膽的瀆神者，常常一針見血地提示出偽善的社會道德準則。

這種敢於衝破傳統的驚人之語，波斯內特自己卻認為是發自內心的「良心話」。在他們這種「不可救藥」、被唾棄的人群中，卻不乏真正的人道評論的行為舉動。

1912 年，蕭伯納創作了又一部喜劇傑作《窈窕淑女》（賣花女）。這是一部「五幕長詩」的傳奇劇，題材有趣而且意味深長。劇情是從語言學實驗家赫金斯向賣花女伊莉莎·杜裡特爾傳授上流社會的語言而展開的。

赫金斯發現普通少女伊莉莎非常有天才，她聽覺敏銳，能夠很快地接受和吸收文化教育，而且大大地超過了那些自以為是社會精英的上流人物。

在該劇中，蕭伯納還設計了這樣一些人作為諷刺嘲笑的對象：「他們生怕自己被認為是已經陳腐過時的老古董，所以爭先

積極開展劇院運動

恐後地像趕時髦一樣拚命模仿出身卑微的、並不真正善於言辭的伊莉莎·杜裡特爾社交談吐的新風格。」

在舞臺結構上，蕭伯納添置了不少奇異、風趣的地方，而且他在創意上打破了傳統喜劇的規矩，發展了意義深遠的社會題材。

而在上層社會與下層人物語言的衝突中，在廣泛應用民間的幽默中，則表現了蕭伯納作為諷刺作家與喜劇作家的獨到而有力的一面。

1913 年，它首先在維也納和柏林公演，1914 年又在倫敦演出。後來還根據這一劇本改編了電影和歌劇，成為歐洲戲劇史上的經典之作。

而在此期間，蕭伯納與考特劇院的經營者格蘭維爾·馬克合作，共同開展了一場挽救瀕於衰亡的英國戲劇的考特劇院運動。

當時，他們以劇院的一批優秀演員為基礎，根據營業上營利的需要，臨時聘請戲劇界一些傑出人才合作。

蕭伯納與馬克這兩位冒險家的合作，使奄奄一息的英國戲劇恢復了活力。蕭伯納拚命拉攏當時的小說家參加這個運動，有時候他以演出他的劇本作為條件，要求劇院演出劇壇新手創作的劇本。

詩人約翰·戴維森有創作一出先驗唯物主義偉大戲劇的腹稿，但他沒有寫劇本的條件，因為他不能讓他的家人挨餓 6 個月。

蕭伯納問他：「你 6 個月能賺多少錢？」

戴維森回答說：「250 英鎊。」

蕭伯納就給他 250 英鎊，勸告他努力創作，除了使自己的靈魂得到徹底的滿足之外，不要有所顧忌。

　　戴維森不勝感激之餘，決心要報答蕭伯納，為他賺一筆大財。於是，戴維森寫出了一出自以為是極端通俗、羅曼蒂克、帶有歷史性質的情節劇，估計上演後至少可以賣一年的滿座。可結果卻令人失望。蕭伯納為了這個戲劇運動花了不少心血，既花費了大量時間，又消耗了很多錢財，但很多時候的回報卻實在讓人沮喪。

　　蕭伯納和馬克兩個人合作創造了戲劇界的歷史，使他們成了戲劇界最受矚目的大人物，在倫敦占據了穩固的地位。

　　考特劇院運動到第一次世界大戰時，因馬克娶了美國社交界一個最上等的富豪階層的女人麗拉‧麥卡錫，以後又定居英國，馬克也就回到家庭中過起了悠閒的日子，開始給莎士比亞的作品寫評注，翻譯西班牙的戲劇。就這樣，兩個人的合作關係也就宣告結束了。

　　他們的合作分別促進了各自事業的發展：作為戲劇家的蕭伯納不斷推出新作，使自己的創作才能日趨完善；而馬克在戲劇運動的最後階段，不但成了著名的演員、莎士比亞戲劇的重要演出者，而且還是一個可以與蕭伯納競爭的劇作家。

　　蕭伯納的朋友佛蘭克‧赫理斯曾說過：「我不能不承認他在挑選人才方面手段頗為高明。在新聞事業方面，他挑選了我，而且使我相信是我挑選了他：你看他聰明不聰明？在他的費邊社的活動方面，他挑選了錫德尼‧韋布，在戲劇運動方面，他挑選哈

利·格蘭維爾·馬克，這個人不久和麗拉·麥卡錫結婚，從而使她也參加戲劇運動。」

「在考特劇院運動開始時，蕭在戲劇界被列為同道劇院一個賺不到錢的局外人。在運動的最後階段，他被推崇為英國最重要的戲劇家。蕭的擁護者說他是莎士比亞以後最偉大的戲劇家。」

關於蕭伯納的舞臺技巧和莎士比亞的舞臺技巧作一比較這件事，蕭伯納在由路易斯·威爾金森轉給赫理斯的一封信中說：

我在你的提綱裡看到下面的句子：「詳盡的舞臺指導的重要意義。更偉大的戲劇家不需要這些舞臺指導的原因。」我堅決勸你不要根據單純的文藝特徵去胡扯有關實際舞臺監督的問題。

如果你把莎士比亞時代的舞臺和現代的舞臺比較一下，你就可以看到兩個要點；這兩個要點是值得由一個實際舞臺監督根據他的行業的歷史知識在一篇演講裡加以討論的。這種歷史知識不僅是從書本或傳統得來的，而且也是根據戲劇演出的實地觀察得來的。

第一個要點是：莎士比亞不得不將舞臺指導編入對白，他使劇中人物對觀眾說他們在劇中正在做什麼，因為實際的條件使他們無法進行具體的表演，同時也因為戲劇對白和史詩及文藝詩之間的區別不夠完整，使作者和觀眾都看不到這種荒謬的程度。

第二個要點是：我們遭到重大的損失，因為莎士比亞沒有把他當時肯定曾經提供給演員的舞臺指導，以文學的形式記錄下來；這種損失不在於姿勢、動作、臺步等祕訣，而在於對話時應當表現的感情。由於缺乏這些東西，因此英國劇壇一貫存在著一些最惱人的誤解：不僅有對他的劇本的場景的誤解，而且也有對全體劇中人物的誤解。

我的舞臺指導比莎士比亞的更為詳盡，其原因是：莎士比亞在劇院裡親自導演，所以只需要對白的說明書，而當我開始我的創作生涯時，我必須以印出單行本的形式使我的劇本有一個完整的藝術存在，因為我的劇本在英國完全得不到演出的機會，而當這些劇本首先在美國和德國站住腳的時候，我又不能親自去監督劇本的演出。

就在魏突林與馬克的公司由於經營計劃失敗而宣告破產，決定變賣所有產業時，蕭伯納也退還了大部分版稅，來幫助公司度過財政難關。等公司的債務還清之後，便關門大吉。

大戰之初堅持創作

在馬克與麗拉·麥卡錫離婚，又與美國女富豪結婚之後，蕭伯納失去了合作的夥伴。在解除了與考特劇院的合作關係而未找到新的合夥人的過渡時期內，他又寫了著名的劇本《傷心之家》和《千歲人》。

《傷心之家》是在第一次世界大戰開始前的 1913 年開始醞釀的，1914 年，第一次世界大戰爆發了。蕭伯納花了 3 年時間，至 1916 年才完成，這是蕭伯納最優秀的最富有讀者的劇本之一。它的劇本結構複雜，憤怒的諷刺與抒情的詩意相結合，表現出作者構思的巧妙與駕馭語言文字能力的高明。

整個劇本真實地反映了當時的社會狀況，「傷心之家」其實就是戰爭時期歐洲的縮影。蕭伯納費盡心思創作出這一劇本，就是為了把現實社會的活動情景搬上舞臺，讓人們看清形勢，推動歷史向前發展。

《傷心之家》還有一個副標題叫「俄國風格英國主題的狂想曲」。據說它是模仿俄國作家契訶夫的名劇《櫻桃園》創作的。蕭伯納自己在〈序言〉中指出：

這是大戰前夕文明而懶散的整個歐洲的寫照。我要向天才的列夫·托爾斯泰求教，向偉大的戲劇詩人和人道主義者契訶夫求教。描寫出正在呻吟、毀滅的歐洲人的家。
《傷心之家》透過船長肖特非家中的頹廢生活，揭露了大英帝國的日暮途窮。劇中描寫了肖特非船長一家的混亂和胡鬧，將真實

的情況和奇異的、荒誕無稽的虛構交織在一起，成功地描寫出英國資產階級與知識分子中一些人的窘迫、狼狽的狀態。

肖特非的家是座船形的莊園住宅，肖特非看透了社會的虛假而心灰意懶，半似瘋癲，對自己的女兒、親人都視同陌路。他的大女兒和她的丈夫過著頹廢淫靡的生活。二女兒離家23年，回來看到一切都是那樣混亂，幻想徹底破滅，外來的人也大都精神頹廢，道德沉淪。

船長肖特非是一個脾氣古怪的老頭，他是一個正面人物，是那個罪惡世界即將毀滅的預兆，他已經預感到革命即將來到。而曼根是個把自己的安樂建立在他人痛苦之上的企業主，他也預感到自己不可避免的必然結局。

所有人都是在淒涼、慘淡、絕望的氣氛中生活著、掙扎著，似乎都在等待著毀滅的來臨。

肖特非直截了當地表達了自己對那些「把宇宙當作贍養所」的市儈的憎恨，並以極其尖銳的語調責備貪婪兇狠的守財奴曼根。

在劇末，第一次世界大戰爆發，德國飛機出現在「傷心之家」的屋頂。曼根和一個強盜一起躲在肖特非船長堆放火藥的地洞裡，人們反而把屋子的燈打開。隨著一陣炸彈的轟響，房屋倒塌了，但炸彈恰好就落在地洞的上面，曼根和強盜一命嗚呼了。

從這兩個強盜的下場中，可以看出蕭伯納的立場。他預言：戰爭之後並不是平靜，而是更強烈的爆炸，最後將使「傷心之家」歸於毀滅。

這個劇本把「傷心之家」比喻為一隻鐵板脫落、木板腐敗的船，一隻即將觸礁沉沒的船，說明資本主義大勢已去，其衰亡是不可挽回的。這寓意是深刻的。

劇中人物都滿懷憂慮，看不出生活的冷酷無情。他們恬不知恥，暴露了自己卑鄙、可恥的行為後還揚揚得意、沾沾自喜。「傷心之家」是「無依無靠的家，是傷心落淚的家」，劇中沒有一個人知道什麼是幸福，他們只是「一群傷透了心的笨蛋」，一切都搖擺不定，彷彿墜入充滿瘴氣的沼澤一樣。

曼根死後，恢復了平靜，倖存下來的人們，「安然無恙，只是突然間又感到無聊得要命」。明顯地暴露出第一次世界大戰期間英國資產階級看不到前途的悲觀的情緒。

《傷心之家》成功地說明了資本主義制度的深刻危機和不可逃避的歷史懲罰，深刻地指出了建立在壓迫、謊言與欺騙基礎上的現實世界的荒謬與恐怖，預示了那條不知去向的「船」、那個人們心靈的牢獄，時刻都有撞得粉碎的可能。

就在馬克的公司關門大吉之後，一個名叫巴里‧傑克森的外省人也在經營劇院，並且從經營巡迴演出劇團進而發展到建造伯明翰劇院，定期換演劇本，事業正飛黃騰達。

1916 年，《傷心之家》在巴里‧傑克森的劇院演出後，獲得了極大的成功。這位外省富翁便向蕭伯納提出建議，要上演《千歲人》一劇。

剛開始，蕭伯納為他的舉動深感吃驚，但當蕭伯納得知巴里‧傑克森喜歡投資劇院，並願意承擔全部責任之後，他們之間便建立了合作關係。

蕭伯納找到了新的夥伴，並且這種關係持續了很久，這使他們的事業在倫敦打下了扎實的基礎。他們後來還創辦了「莫爾文戲劇節」，主要演出蕭伯納的戲劇。

積極肯定民族解放

第一次世界大戰，是一場帝國主義國家之間的大決戰。它的發生，促使第二國際分化，在費邊社這樣的團體中也對此展開了激烈的辯論，其中狹隘民族主義的「保家衛國」的呼聲占了絕對上風。

而戰爭之初，蕭伯納的態度是折中的。他繼續貫徹他對英國資產階級的批評，指出英帝國主義對這次世界大戰也應負有責任，但他卻還沒有走上堅決反對戰爭的道路。

蕭伯納的朋友佛蘭克·赫理斯對他說過：「如果德國人手上的血最多，那麼，其他的人手上也不是沒有血跡的。」

1914 年，蕭伯納出版了一本小冊子《關於這次戰爭的常識》，表明了他對戰爭的態度。他指出：

> 英國人在促成世界大戰的過程中並不是無罪的。事實上，軍國主義不但德國有，英國也有，英國並不只是受著惡狼侵襲的無辜的羔羊；所有的參戰國都是有罪過的。
> 英國的士兵應該憎恨自己本國的軍國主義者，交戰雙方的士兵都應該把自己的軍官槍斃之後各自回家，在農村的就要收割莊稼，回城市的則要進行革命。

蕭伯納在書中還提出了一系列建議和施行方案，甚至具體談到應該怎樣招募士兵，怎樣吸引他們加入職業工會等。這種並不現實的建議，是蕭伯納的理想化，是為了使這些軍國主義的士兵轉變成為只是為了爭取達到「高尚的目的」的自覺的義勇軍。

積極肯定民族解放

蕭伯納在完成《傷心之家》後，他給赫理斯寫信說明了為什麼自己寫關於大戰的小冊子而沒有寫劇本的原因：

你不能對戰爭和對你的鄰居同時宣戰。戰爭不能忍受喜劇的嚴厲鞭撻，那種閃爍於舞臺上的無情嘲笑的光芒的嚴厲鞭撻。

人們正在英勇地為國捐軀，這不是把真話告訴他們的情人、妻子、父親和母親的時候，不能說他們怎樣為一些笨蛋的重大錯誤而犧牲，為資本家的貪婪而犧牲，為征服者的野心而犧牲，為蠱惑民心的政客的競選活動而犧牲，為愛國者的偽善而犧牲，為貪慾、謊言、深仇宿怨、殘忍好殺而犧牲：這些傢伙愛好戰爭，因為戰爭把監禁他們的牢門打開，而讓他們坐在有權勢、有聲望的寶座上。

因為如果我們不把這些真相毫不留情地揭露出來，那麼，就像在舞臺上一樣，真相就會隱藏於理想主義的帷幕裡，正如它們隱藏在現實生活中那樣。

由於《關於這次戰爭的常識》中對英帝國主義的揭露和抨擊，德國軍方甚至把它作為宣傳材料。但是英國社會反動集團卻強烈地攻擊蕭伯納。蕭伯納也因此背上了「不愛國、親德的社會主義者」的罪名，一些漫畫家甚至把他畫成一隻在尾巴上繫著一個鐵十字架的愛爾蘭獵犬與德國牧羊犬的混合種。

雖然許多英格蘭人把蕭伯納當成了他們的敵人，但是英國政府卻始終知道「事實上他是『沒有危險性』的」。赫理斯也曾指出：

蕭伯納在 1914 年以前一定是已經知道了一些英國政治的內幕。
不過我認為蕭並沒有利用這種消息去破壞整個卑鄙惡劣的勾當，
從而使世界走近完全毀滅的境地，或者走近真正和平的大道。

他在他的劇本裡妥協了。不是說他是一條放在蘇格蘭方格花紋呢上的變色龍，為了要使自己的皮色與背景相配，搞得不知怎麼辦才好。

可是我卻想使世人知道，他變色變得太容易了，他不但變成擁護協約國的人，而且也成為英國國民軍的一分子，命令陸軍部和前線的將軍們可以安心作戰。

而且，蕭伯納一直聲稱他從來不攻擊英國政府，而且認為英國政府也完全知道他是站在政府一邊的。因此政府也從沒有打算把他關進監牢中。

1917 年，俄國爆發了十月革命，這個消息傳到倫敦，資產階級老大們一片恐慌。費邊社內一些人也持否定態度。但蕭伯納力排眾議，莊嚴地宣布：

我們是社會主義者，俄國人的主張就是我們的主張。

1923 年，在這一信念的影響下，蕭伯納寫出一部著名的歷史劇《聖女貞德》。

在大戰期間，蕭伯納還寫過《獲得維多利亞十字勛章的奧弗萊厄蒂》、《布爾什維克女王安娜揚斯卡》等短劇。而在《聖女貞德》之前比較精彩有影響的是 1921 年創作完成的《千歲人》。

《千歲人》中把《人與超人》中表現出的巴特勒和柏格森的創作進化論思想更充分深入地反映在觀眾面前。蕭伯納在創作這個劇本時，沒有與別人合作，沒有商業目的，完全是為了寫作才完成的。

貞德是法國的女民族英雄，在 1337 年至 1453 年的英法百年戰爭末期，英軍占領了法國北部，並圍攻通往南方的門戶奧爾良

積極肯定民族解放

城，形勢危急，但法國政治集團內部卻無力挽救敗局。1429 年，篤信宗教的貞德說服了王子查理，即查理七世，率領 6,000 名農民群眾組成的義軍馳援奧爾良，重創英國侵略軍，解除城圍，扭轉了戰局。貞德被稱為「奧爾良女孩」，成為法國人民愛國鬥爭的旗幟。

但是，貞德的行動引起了封建教主和教會的嫉恨。1430 年 8 月，貞德在貢比涅要塞附近被俘，查理七世竟坐視不救。1431 年 5 月 30 日，貞德被教會法庭誣為「女巫」，判處火刑，英勇就義。

蕭伯納在劇中塑造了一個獻身民族解放運動的令人心醉神往的女英雄形象，這是他劇作中最優秀的婦女形象之一。

在日益加劇的社會鬥爭影響下，蕭伯納開始對人民英雄的形象發生了興趣，在劇中，他以諷刺嘲笑的方式，猛烈地攻擊卑鄙的征服者，挖苦虛偽的愛國主義和帝國主義的侵略戰爭。

蕭伯納認真研究了百年戰爭的歷史，他決心寫出真正的歷史悲劇。蕭伯納評價說：

> 貞德是一個出身於平民的少女，她天資聰穎，道德高尚，做事精明，有很強的民族責任感。她有著農民的審慎作風與頑強個性，看透了貴族、國王與大主教的本質，因此對於他們並不趨炎附勢，讚揚崇拜。

蕭伯納在安排貞德的談話中，也處處顯示出她善於接近群眾，善於說服人、激勵人，讓群眾相信民族解放運動的正義性。

蕭伯納透過敘述貞德短暫的一生，表現出西歐近代歷史上基

督教、新教的興起和資產階級民族主義的出現，劇情由喜劇情節逐漸發展為悲劇的結局。

劇情發展到高潮的時候，貞德心中展開了激烈的矛盾鬥爭，曾經一度對被燒死的恐懼使她想要透過向敵人妥協來拯救自己的生命，但她最終還是寧死不屈，決意要替奧爾良解圍，要把「英國人趕出法國」。

這個被那些高貴的人稱為「出身低賤、瘋狂的女孩」心中充滿了對屈辱的國家的強烈的愛，這種愛使她在敵人面前毫無畏懼，最後終於英勇獻身。

而那些沽名釣譽的統治者和陰謀家，卻與貞德形成了鮮明的對比。他們在貞德為了國家的利益做完了她所應該做的一切之後，便出賣了她，使她被俘並被判為邪教徒，最後活活燒死在火刑架上。

《聖女貞德》共6幕，一個尾聲。蕭伯納在這個劇本中，著力塑造了人民領袖貞德熱愛國民、與國民血肉相連的形象。她說：「我將到人群中，從他們的眼光所表示的對我的愛戴中得到安慰。」

貞德面對強暴堅貞不屈，當法庭宣判時，她說：「如果我遭到火刑，我走進火焰就是走進人民的心裡，而且將永遠活在人民的心底。」

貞德始終是人民與國家利益的展現者和保護人，始終在不屈不撓地與教會反動派、黑暗勢力以及那些愚昧無知的代表人物作著鬥爭。

積極肯定民族解放

貞德的形象和語言，展現了詩與戲劇的完美結合，更展現了對人道主義和自由的渴望。在貞德眼中，自由高於一切，為了自由她可以拋棄一切。她說道：

> 只要我能夠聽得見，風在樹梢上颯颯作響，雲雀在春光明媚的天空中歌唱，羊羔在寒冷的清晨中叫喊，我的可愛的鐘聲正在「噹噹」，還有安琪兒的聲音隨風飄來，我能夠聽見這一切就夠了。可是如果沒有這一切我就不能生活下去。

該劇的結尾，是一個士兵在歌唱，歌聲中顯示出辛辣的諷刺，他的歌彷彿從人民心底流露出來一樣，意義非常深刻：

> 難道我們能夠期待所有這些大資本家，這些大尉，這些主教們，這些法律家以及類似這樣的人，企圖從他們那裡得到好處嗎？只要你還活著，他們就迫使你在溝壕中流血。
>
> 如果你陷入水深火熱之中，他們就在那裡袖手旁觀，而且對你嗤之以鼻！女孩！我要對你說的話就是：「你不要聽他們的話，不要怕，你不比他們愚蠢，也許比他們更聰明。」

《聖女貞德》是蕭伯納的又一部成功力作。在創作中，他變成了為神聖、正義的民族解放事業而英勇鬥爭的詩人，他的歷史的樂觀主義的思想有所增強。

而且，蕭伯納在這部劇本中，以前所未有的新觀念提出了來自人民中的正面人物的問題，極力表達出承認每一個民族都具有獲得自己民族獨立的權利的觀點。

榮獲諾貝爾文學獎

　　民主、進步的觀念賦予蕭伯納的劇作巨大的生命力，蕭伯納完成了他最成功的《聖女貞德》後，他創作的劇本已達 30 多部，再加上評論以及一些論文，使他當之無愧地成為舉世聞名的一大文豪。

　　1925 年，瑞典皇家學院鑑於蕭伯納在戲劇創作方面的突出貢獻，決定把當年的諾貝爾文學獎授予他。獲獎理由中評價說：

> 由於他的作品中具有理想主義和人道主義精神，其令人激動的諷刺常蘊涵著獨特的詩意美。顯示了這位驚人之舉的人作為詩人的最高能力。

　　瑞典學院諾貝爾獎評委會主席佩爾·哈爾斯特龍在授獎詞中說：

> 喬治·蕭伯納在他青年時期創作的小說中就表現了他後來一貫堅持不變的對世界的看法和對社會問題的態度。他的信念從一開始就非常堅定不移，似乎就連社會發展的總進程也不僅未能對他施以任何實際影響，反而將他直接帶到了他現在發表演說的講壇上。

　　在他那裡，這些思想和敏捷的機智結合在一起，完全摒棄了任何形式的常規，加之他那極為生動有趣的幽默。所有這些聚集在一起，形成了文學中幾乎前所未有的狂文風格。

　　他運用著這一武器，帶著一個天才的極端自信心，這種自信來自絕對寧靜的道德心以及誠實的信念。

他很早就成為革命學說的宣傳家，這些屬於美學和社會學領域的學說價值各異，因此他很快就為自己贏得了辯論家、知名演說家和記者的顯要地位。

作為易卜生的擁護者和英國以及巴黎的膚淺傳統的反對者，他在英國劇壇上留下了印跡。他本人的戲劇創作開始得較晚，當時他已經36歲，寫劇的目的則是為了滿足他所引起的各種要求。他以生來具有的把握進行劇本創作，確信自己有許多話要說。

他以這種隨便的方式終於創造出了在某種程度上可以被稱為新的戲劇藝術，對這種戲劇藝術必須按照其本身的特殊原則進行評價。它的新奇之處並不在結構和形式上。他透過對戲劇藝術極其清醒和訓練有素的了解，毫不費力地迅速達到了他認為對其目的有用的所有舞臺效果。但是他表達思想的那種直率方式完全是他個人的，那種好戰性、靈活性，以及思想的多樣性也完全是他所獨有的。

在法國，他一向被稱為20世紀的莫里哀，這種比較是有些道理的，因為蕭伯納本人認為，他具有遵循古典戲劇藝術的旨趣。他所說的古典主義是研究嚴格推理和辯證的精神愛好，反對任何可以被稱作浪漫主義的事物。

時間不允許我們一一提及他隨後的創作活動，哪怕是他那些更為優秀的作品；只這樣說就足夠了：只要他認為是偏見，那麼不論是在哪個陣營中發現的，他都運用他的武器去進行批判，絕不投機取巧。

蕭伯納對他以前的歷史劇前言一直感到不滿足，所以，他偶然將其豐富敏捷的智力和對歷史的想像力以及歷史真實感的明顯

缺乏結合在一起，便是很自然的。他筆下的世界缺乏時間概念；按照新的理論，這對於空間來說並非沒有意義。但是很不幸，它所帶來的結果是對過去曾經發生過的一切缺乏尊重，並且導致了這樣的傾向：把所有事物都表現得與普通人過去所信所言的截然相反。

我所說的這些只為蕭伯納的畢生事業提供了微小事實，而且幾乎一點也沒有談到他的大多數劇本所附的著名的前言或許應該稱其為論文。多數前言明晰、活潑、才華橫溢，是無法超越的佳作。

他所創作的戲劇作品賦予他當今時代最吸引人的劇作家之一的地位，他的前言又使他獲得我們這個時代的伏爾泰的稱號。如果我們只考慮到伏爾泰的最佳作品。從完美而簡樸的風格著眼，這些前言似乎會提供在行文高度新聞化的時代裡表達思想和進行論戰的最高標準，同時就其方法來說也是最優秀的形式。更為重要的是，它們鞏固了蕭伯納在英國文學中的顯要地位。

蕭伯納卻並不願意接受這筆獎金，他對自己恰巧在 1925 年獲得這項殊榮深感驚訝。他說：「可能他們是獎勵我這一年沒有寫出什麼東西吧！」

蕭伯納指山：

瑞典皇家學院在頒發獎金時所賞識的人物從來就不會把那些正在奮鬥的作家包括在內。發現真正的天才並不是瑞典皇家學院的任務。獎金委員會總是以作家是否有「相當高貴的」聲譽作為選擇標準的。諾貝爾的生意經是樂透，獲得最低限度的聲譽的人士都可以自由購買的樂透。

榮獲諾貝爾文學獎

　　蕭伯納由於對諾貝爾文學獎抱著這種態度，因此他決定把這筆約 8,000 英鎊的獎金贈與英國瑞典文學基金會，作為獎勵瑞典文學作品英文譯本的基金，也用來資助那些生活窮困的作家們。

　　1927 年，為紀念貝多芬逝世 100 週年，一生喜愛音樂的蕭伯納有感而發寫出紀念文章〈貝多芬百年祭〉：

> 100 年前，一位雖還聽得見雷聲但已聾得聽不見大型交響樂隊演奏自己的樂曲的 57 歲的倔強的單身老人，最後一次舉拳向著咆哮的天空，然後逝去了，還是和他生前一直那樣地唐突神靈，蔑視天地。
>
> 他是反抗性的化身；他甚至在街上遇上一位大公爵和他的隨從時也總不免把帽子向下按得緊緊地，然後從他們正中間大踏步地直穿而過。
>
> 有一次他竟被當作流浪漢給抓了起來，因為警察不肯相信穿得這樣破破爛爛的人竟會是一位大作曲家，更不能相信這副軀體竟能容得下純音響世界最奔騰澎湃的靈魂。
>
> 他的靈魂是偉大的，他的狂風怒濤一般的力量他自己能很容易控制住，可是常常並不願去控制，這個和他狂呼大笑的滑稽詼諧之處是在別的作曲家作品裡都找不到的。
>
> 我聽過的任何黑人的集體狂歡都不會像貝多芬的第七交響樂最後的樂章那樣，可以引起最優秀的舞蹈家拼了命地跳下去；而也沒有另外哪一個作曲家，可以先以他的樂曲的陰柔之美使得聽眾完全溶化在纏綿悱惻的境界裡，而後突然以銅號的猛烈聲音吹向他們，帶著嘲諷似的使他們覺得自己是真傻。除了貝多芬之外誰也管不住貝多芬；而瘋勁上來之後，他總有意不去管住自己，於是也就成為管不住的了。

貝多芬不是戲劇家，賦予道德以靈活性對他來說就是可厭惡的玩世不恭。因為有了無線電廣播，成百萬對音樂還接觸不多的人在他百年祭的今年將第一次聽到貝多芬的音樂。充滿著照例不加選擇地加在大音樂家身上的頌揚話的成百篇的紀念文章將使人們抱有通常少有的期望。

像貝多芬同時代的人一樣，雖然他們可以懂得格魯克和海頓和莫札特，但從貝多芬那裡得到的不但是使他們困惑不解的意想不到的音樂，而且有時候簡直是聽不出是音樂的由管絃樂器發出來的雜亂音響。

可是音樂的作用並不止於創造悅耳的樂式。它還能表達感情，你能去津津有味地欣賞一張波斯地毯或者聽一曲巴哈的序曲，但樂趣只止於此；可是你聽了《唐璜》前奏曲之後卻不可能不產生複雜的心情，它使你心裡有準備去面對將淹沒那種精緻但又是魔鬼式的歡樂的一場恐怖的末日悲劇。

但是貝多芬做到的這一點，也使得某些與他同時代的偉人不得不把他當作一個瘋人。有時清醒就出糗或者顯示出格調不高的一點，在於他把音樂完全用作了表現心情的手段，並且完全不把設計樂式本身作為目的。沒錯，他一生非常保守地使用著舊的樂式；但是他加給它們以驚人的活力和熱情，包括產生於思維高度的那種最高的熱情，使得產生於感覺的熱情顯得僅僅是感官上的享受，於是他不僅打亂了舊樂式的對稱，而且常常使人聽不出在感情的風暴之下竟還有什麼樣式存在著了。

以上就是貝多芬之謎的全部。他有能力設計最好的樂式；他能寫出使你終身享受不盡的美麗的樂曲；他能挑出那些最乾燥無味的旋律，把它們展開得那樣引人，使你聽上一百次也每次都能發現新東西：一句話，你可以拿所有用來形容以樂式見長的作曲家的話來形

容他；但是他的病徵，也就是不同於別人之處在於他那激勵人心的
情感，他能使我們激動，並把他那奔放的感情籠罩著我們。

懂了這個，你就從 18 世紀前進了一步，也從舊式的跳舞樂隊前
進了一步，不但能懂得貝多芬的音樂而且也能懂得貝多芬以後的
最有深度的音樂了。

貝多芬的音樂如此，蕭伯納的文章也是如此。這篇散文以飽
含熱情的筆觸，寫出了貝多芬倔強、反叛的個性及其音樂創作特
色，思路清晰，情感豐富，飽含哲理，是傳世的散文佳作。

1929 年，蕭伯納更加關注社會問題和政治問題了。因為這
時，英國已經到了發生總危機的時候，階級矛盾更加尖銳，鬥爭
也更加激烈。於是，當他的《蘋果車》問世的時候，他還加了一
個「政治狂想曲」的副標題。

《蘋果車》是配有幕間插曲的兩幕政治鬧劇，揭露資產階級民
主的虛假性和統治集團為爭權奪利所進行的幕後鬥爭。

在《蘋果車》中，蕭伯納還把想像中 35 年之後的政治舞臺
展現出來，在國王與內閣爭權奪利的鬥爭中，國王終於取勝。

他把工黨政客等人為保住自己的肥缺，出賣工人利益的事實
擺在觀眾面前，剖析了資產階級民主為金融寡頭操縱的真相。

卡羅培斯和內閣大臣們向國王發出最後通牒：未經同意，國
王不得發表公開講話或以間接的方法向新聞界授意報刊寫文章，
也不能使用國王的權力否決議會的法訟。否則內閣便宣告解散。

國王不答應，在內閣會議上宣布退位，解散國會，又說將讓
位給他的兒子，自己放棄所有的爵位，並擬在大選中作為溫莎皇

家選區的候選人，要自己組織一個政黨，在公眾面前揭發對方。

由於新國王必須指派一個官員去擔任內閣領導人，誰知道他不會指派前國王馬格納斯自己去當內閣領導人呢？

首相因國王肯定會當選而感到沮喪，被迫宣布取消最後通牒，一切照舊。

蕭伯納旨在說明，統治集團各黨派之間互相爭權奪利又互相妥協勾結，無非是要從國家的財富中為自己奪取更大的分額。因而無論是馬格納斯或是卡羅培斯當政，國家的實質都不會改變，因為他們也不過是被財閥們操縱的傀儡，劇本指出國家的實際政權掌握在壟斷聯合企業 ——「勃勃克奇斯有限公司」手中。

蕭伯納在序幕裡寫道：「一切自然的東西，對於堂皇富麗、虛有其表的儀式主義者來說都是不存在的。他們喪失了自然的愛，也喪失了其他自然的感覺。」

《蘋果車》一劇還安排了一段表現英國與美國之間的尖銳矛盾和激烈競爭，以及美國企圖把英國融進美國思想和商品中去的插曲。這裡，蕭伯納涉及這一國際政治主題，表現出其卓越的歷史遠見。

「打翻了蘋果車」在英文中是打錯了如意算盤的意思。蕭伯納以一個敏感的深思熟慮的民族藝術家的姿態密切注視著社會政治生活的發展，準確地把握了它的未來發展趨勢。

蕭伯納將劇中的兩個角色描寫得太過誇張了：一個是異乎尋常的、愛開下流玩笑的首領，穿著俄羅斯的紅色外套和褲腳塞進長靴裡的褲子；還有一個是美國大使，樣子像漫畫家溫瑟‧麥凱

所作的山姆大叔三色諷刺畫。

這年 8 月，英國戲劇界為了表彰蕭伯納對於戲劇作出的特殊貢獻，在當年舉行的莫爾文戲劇節上全部上演蕭伯納的劇作。這在戲劇史上是空前的。

這個戲劇節上，以演出蕭伯納的《蘋果車》作為開幕式。赫理斯對這件事發表了自己的看法：

莫爾文戲劇節是財富和聲望把蕭伯納的地位提到何等高度的最好說明。這個戲劇節使他的文藝事業達到了登峰造極的境地。

1929 年夏天的一切籌備工作似乎是為了證明，這個戲劇節以蕭伯納的一個新劇本的演出作為開幕式。可使英國的戲劇運動與德國薩爾斯堡和拜律特等地的戲劇節一爭長短。

莫爾文本來是伍斯特郡的一個風景優美的小山城，是瑞典的夜鶯、著名女高音歌手詹尼‧林德的長眠之地，四周環繞著的是歷史上的紀念碑和美麗的農村，但這個勝地和其他勝地一樣，對戲劇並不是非常熱衷。

但蕭伯納很喜歡這座小城，因為那邊沒有電車，又因為愛德華‧埃爾加爵士就住在鄰近的地方。在「莫爾文戲劇節」開幕之前的幾星期，這裡的人們卻對蕭伯納的《蘋果車》不可思議地發生了濃厚的興趣。

在戲劇節開幕當天的清晨，那些一直以待在倫敦西區為榮的劇評家們，卻成群結隊地乘坐 4 小時的火車，從倫敦趕到莫爾文去欣賞《蘋果車》的演出。

從伯明翰到格拉斯哥，以倫敦為最終目的地，戲劇的演出是每天的常事，劇評家向來是不願意離開倫敦的西區去欣賞戲劇的。

赫理斯對此評論說：

> 他們這一次去莫爾文朝聖表明：要麼蕭伯納已經控制住整個新聞界，要麼這個劇本就是他最優秀的作品，是新聞記者不得失之交臂的作品，兩者必居其一。

而且，人們都為能親眼目睹戲劇大師蕭伯納的風采而興奮不已。大家看到他神情瀟灑、舉止大方。他爬過山，其行動之敏捷靈活使青年們大為驚奇。他在城裡的游泳池游泳，使那些未入社交界的少女們大為高興。他還在其他活動中度過了非常快活的時光，使人們在敬佩之餘對他頓生崇敬之情。

與此同時，美國戲劇界也有一些熱心的人，他們積極創辦了「戲劇協會」，他們演出了蕭伯納的《傷心之家》和《千歲人》，並獲得了成功。之後，蕭伯納又專為他們寫了好幾部作品，同樣取得了很不錯的效果。

另外，還有一個名叫查爾斯·麥克多納的人，他招集了一個「麥克多納劇團」，利用過去考特劇院定期換演的蕭伯納的劇本，在英國巡迴演出。

蕭伯納從劇院的經營經驗中提出一個建議，提倡他們建立低票價的大劇院，票價分別為 6 便士、1 先令和 2 先令半，然後每週專為富豪演出一次，這樣，就可以滿足各個不同階層的觀眾的需要。

熱烈擁護社會主義

　　1917 年，俄國的十月社會主義革命爆發了。這個消息傳到倫敦，資產階級老大們一片恐慌，而蕭伯納卻彷彿在無邊的黑暗中看到了一絲曙光。他非常高興地寫信給赫理斯：

> 親愛的佛蘭克・赫理斯，從俄國傳來了好消息，可不是嗎？這不是參戰國所期望的事，猶如俾斯麥不願使法國在 1870 年成為共和國一樣。

　　但是上帝用種種方法去完成他的工作。他已經為我們做了安排，這大概不是什麼令人驚異的事吧！

　　蕭伯納對社會主義革命一直抱著同情的、歡迎的態度，他堅決地擁護俄國革命，並和偉大的無產階級革命家高爾基結下了深厚的友誼。因此這一時期蕭伯納的政論作品及藝術作品中，蘇聯的題材成了新的主題。

　　關於第一次世界大戰，蕭伯納曾經在他的《關於這次戰爭的常識》中，揭露了資本主義的本質、帝國主義之間的戰爭，表達了對社會主義的嚮往：

> 如果有人以為德國帝國主義似乎比英國的更壞些，這只是因為英國人是作偽的手段而已。人類的仇敵既不是德國，也不是英國，而是資本主義和帝國主義，不管它們裝飾著什麼外衣。
> 英國的米字旗也好，法國的三色旗也好，德國的帝國之鷹也好，這些不過是騙人的把戲。今後世界上只有兩面真正的旗幟：民

主社會主義的紅旗和資本主義的黑旗。上帝的旗幟和財神爺的旗幟。而且，回到城市的軍隊士兵應當起來發動革命。

蕭伯納發表政論作品，生動活潑地反映了 1917 年發生在俄國的具有世界歷史意義的重大事件。他從蘇維埃社會主義制度剛剛誕生，就公開表示了對新制度的積極擁護。

當俄國革命受到武裝干涉的時候，蕭伯納積極投入到捍衛年輕的蘇維埃共和國的運動中去。

1921 年，蕭伯納發表了《俄國的慘禍》一文，他強烈駁斥資產階級報刊對社會主義革命的誹謗。

另外，蕭伯納還積極支持英國共產黨創辦《工人日報》，為報紙的發行投入了大量的股金，並成為報紙的終身股東。

這段時間內，蕭伯納不參加任何藝文團體，也不加入任何集團性質的團體。舉行午餐會，就是他和妻子招待賓客的唯一方式。

蕭伯納為人比較和善，待人接物，從不受個人感情的影響，有時還很樂意幫助別人。因此如果不是行為惡劣的傢伙，都不可能成為蕭伯納的大敵。

蕭伯納的機智、嘲諷的妙語有時也會觸痛一些人的傷口，他的朋友威爾斯常因此對他大發脾氣，而蕭伯納就一方面予以還擊，一方面又用極大的耐心來說服他。

英國劇作家奧斯卡·王爾德曾開玩笑說：「蕭伯納在世界上沒有一個仇敵，但他的朋友沒有一個十分喜歡他。」

蕭伯納與王爾德的會面一生也沒有超過 10 次，但他們彼此惺惺相惜。因為蕭伯納家與王爾德家從上一代就認識了。王爾德

的父親曾為蕭伯納的父親動過眼睛的手術。而王爾德又在倫敦時戀慕過蕭伯納的姐姐。而蕭伯納在寫小說沒有成功時，一直落魄倫敦，王爾德的母親就常常邀請他到她家裡參加招待會。從那時起，兩個人就保持著客氣的朋友關係。

有一次，蕭伯納作關於社會主義的演講。王爾德聽後有感而發，寫出了《社會主義下的人類靈魂》一文，蕭伯納聽王爾德講過後心裡很高興。

兩個人有一次相會於切爾西的一個展覽會，而他們感到有趣的是，這個展覽會展出的都是一些極其幼稚的作品。

王爾德是個「故事大王」，蕭伯納與他在一起經常是個聽眾。他們就一個講一個聽，開心地度過了一天。

戰爭後期，王爾德因昆斯伯里事件被捕入獄，蕭伯納起草了一分請求書，要求司法機關釋放王爾德。

後來，王爾德出獄後就逃亡巴黎，蕭伯納每出版一部作品，都會寄一本有自己簽名的給他，這以後就成為了兩個人相互之間的一個慣例。

出訪蘇聯慶祝壽誕

　　時光飛逝，轉眼就到了 1930 年代，此時的蕭伯納已經年逾古稀了。

　　雖然蕭伯納有著讓常人望塵莫及的創作熱情和精力，但畢竟這時已經進入人生暮年，他自覺減少了日常活動，作品也不像從前數量那麼多了。

　　蕭伯納也一直保持著謙虛溫和的態度，無論人們怎麼把他當偶像來崇拜，奉承、諂媚他，他都不會表現出傲慢的神態。相反，他更加平易近人，很能體諒別人。他知道，過高的榮譽對一個必須生活和工作的人並沒有什麼好處。

　　早在他 50 歲的時候，曾應允著名雕塑家羅丹為自己塑像。當時，一個攝影記者在蕭伯納剛要走出浴室的時候碰見他，請他裝出愉快的樣子。

　　蕭伯納幽默地說：「那我來做一個羅丹的《思想者》的姿勢吧！」不料他沒留神竟然摔了一跤，鼻子吻在了浴室的地板上。等照片印出來以後，他看了苦笑著說：「沒想到我倒露出神祕的表情，一點也沒有深思的樣子。」

　　他還詼諧地說道，他希望 1,000 年後的名人詞典提到他時寫明：「蕭伯納：羅丹塑的一座半身像，默默無聞。」

　　有一些與蕭伯納初次見面的人，面對著他那活潑快樂的樣子，還有那老頑童般自然率真的可愛神態，都會不自覺地受到感染，也會心情舒暢起來。

出訪蘇聯慶祝壽誕

由於蕭伯納的工作還是十分繁忙，因此他經常有些不勝其累。於是他借與別人談話放鬆一下的時候，就會顯得十分隨便，不時地變換姿勢：把左腿放在右腿上，過一會兒又放下來，再把右腿放在左腿上；或者兩隻手插在口袋裡，一會兒又抽出來擱在椅子扶手上，身子靠在椅背上。

蕭伯納是一個忠實坦白、愛開玩笑的人，他有時會與人談話的時間很長，而且不時突然大笑幾聲，然後再低下聲音交談。人們與他談話也很放鬆，會為他那瀟灑的態度而折服。他們海闊天空地聊著，並不一定圍繞著一個話題，而且話題甚至並不是重要的。

早在第一次世界大戰爆發之前，蕭伯納就辭去了擔任了 25 年的費邊社執行委員會委員的職位，讓年輕的社員得到鍛鍊的機會。不過，他畢竟是一個名人，還不得不應邀去參加一些政治演說、公眾討論等活動，他的言論和舉動仍然受到社會的普遍關注。

1929 年，73 歲的蕭伯納就曾在廣播電臺作了一次關於民主政治問題的廣播演講，他還一直致力於揭露資本主義的虛偽民。

因此說，蕭伯納是一個社會主義者，雖然他的思維還帶有些費邊社根深蒂固的改良的主張，但他始終關心著社會主義事業，並一向對社會主義極為擁護和大力支持。

1931 年，在資本主義世界經濟危機中，75 歲高齡的蕭伯納應邀訪問了蘇聯。莫斯科熱烈歡迎這位「歐洲最勇敢的思想家」。蕭伯納在莫斯科會晤了史達林。

莫斯科人民舉行隆重的生日宴會，慶祝蕭伯納的 75 歲壽辰。蕭伯納十分激動，他又一次對社會主義制度大加讚賞：

如果列寧的實驗獲得成功，這個實驗將是人類新時代的開始，如果這個實驗失敗，我將懷著悲哀離開這個世界。但如果人類的未來是列寧所看到未來，那麼，我便可以微笑著，毫無恐懼地瞻望未來。

我向周圍望了一下，就看見所有人的臉上都有新的表情。而這種表情，在資本主義的西方，你們是看不到的。不過我希望，在將來有一天，我們到處都可以看到這種表情。

高爾基因為生病未能參加宴會，他寫信給蕭伯納祝壽時說：

我因患喉頭炎，不能前來莫斯科和您緊緊地握手，和您這個勇敢的戰士，富有天才的人握手。

您已經活了一個世紀的 3 ／ 4，對那些具有保守傾向與庸俗見解的人，曾經用您的尖刻辛辣的俏皮話不斷地給予致命的打擊。

我非常高興知道您在這個對您有崇高評價的國家和人民中歡度您的 75 歲誕辰。

我國對您是極為重視的。我國人民已開始和您所譏諷的世界作最偉大的鬥爭，正在順利地進行著這個鬥爭，而且一定能夠獲得勝利。

蕭伯納在蘇聯訪問期間，參觀了社會主義建設，接觸到了建設新社會、新文化的蘇聯人民，所有這些都給他留下了非常深刻的印象。

一天，閒暇時蕭伯納漫步在莫斯科街頭，遇到一位可愛的小女孩，一時興起，便很高興地與她玩起了遊戲。

這一老一少玩兒得很高興，到了分手的時候，蕭伯納得意地

對小女孩兒說：「回去告訴你媽媽，今天跟你玩遊戲的可是大名鼎鼎的蕭伯納。」

誰知小女孩兒望了蕭伯納一眼，學著他的口氣，驕傲地說：「你也回去告訴你媽媽，今天跟你玩遊戲的可是小女孩娜塔莎。」

小女孩的回答使蕭伯納大吃一驚，他立刻意識到自己對一個小孩的傲慢，事後，他感慨萬分地對朋友說：

> 一個人無論有多大的成就，對任何人都應該平等相待，常常保持謙虛的態度。這個莫斯科小女孩兒給我的教訓，是我一輩子也無法忘記的。
>
> 真正偉大的人是不會覺得自己很偉大的，正是因為他們意識到自己的渺小，才使他們的形象變得高大。
>
> 當我們取得了一點成就、擁有一點財富或地位的時候，不要沾沾自喜，更不要得意忘形，不要忘了，我們只是芸芸眾生中的普通一員。

在離開蘇聯的歡送會上，蕭伯納說：「我正要離開一個充滿希望的國家，而回到一個充滿著絕望的國家。」

在返回英國途經華沙的時候，蕭伯納又對一個新聞記者說：「回到資本主義真是活受罪。當你親眼看到布爾什維克主義時，你對資本主義必定要滅亡就不會有絲毫懷疑了。」

回國之後，蕭伯納不顧一些反動機關刊物的惡毒攻擊，毅然決然地發表了他的訪蘇觀感。他認為，對蘇聯的參觀訪問是他一切「旅途回憶」中印象最深刻的一次。而且，蕭伯納還發表了大量的談話和文章，提及蘇維埃人民建設社會主義的卓越成就。

1931 年 11 月 8 日，蕭伯納在《每日晨報》上發表了一篇文章，他指出：

> 俄國對於民主問題的解決，表明蘇維埃俄國至少超過資本主義世界一個世紀。在一般教育程度提高方面，現在已經取得巨大的成功，蘇維埃政權在所有文明世界中是最有能力和最開明的。
>
> 資本主義制度的結局必然是文明破產。我們能夠擺脫這種制度的時候已經為期不遠了，而那是以 90% 的人類的可怕的苦難和可恥的貧困為其代價的。

古稀之年筆耕不輟

　　1932 年 3 月，蕭伯納正在從科西嘉到薩丁尼亞島的途中，他開始寫作《真相畢露》這個劇本。

　　這同樣是一部「政治狂想曲」。在該劇中，蕭伯納為讀者和觀眾揭露了英帝國主義衰敗、沒落、危機四伏的境況。而以「合理的社會聯邦共和國」的名稱來指代蘇聯這個展現著真理、正義和希望的社會主義世界。

　　此時的蕭伯納，已經變成一位戰鬥的勇士，他寧願說出苦澀的真理，而不願說甜蜜的謊言。他認為，建立在謊言、虛偽和欺騙之上的資本主義社會中，如果你想升官發財、飛黃騰達，就只能走一條無恥的、卑鄙的巧取豪奪的道路。

　　劇中 3 個狂妄的青年自甘墮落，他們過著游手好閒、無所事事、飽食終日的寄生生活。他們都擁有著大量的財富，能使他們繼續沉溺在這種「自由」而放蕩的生活中。

　　但現實的生活卻與他們的希望背道而馳，他們並沒有因為手中的金錢而感到幸福快樂。「他們花了這些錢，除了沒有止境的惶恐不安與醉生夢死之外，一無所獲。」因此，幸福並不在於是否富裕，如果他們再繼續這樣的生活，只會給他們帶來頹廢、傷心和絕望。

　　蕭伯納在以前的文學和政論作品中也提到了這種觀點：

金鐐銬和鐵鐐銬是一樣沉重的，富裕不但不能使人幸福，而且還會破壞人的生活，我們最好能夠擺脫這些鐐銬的束縛，應該追求真正幸福的社會生活。

蕭伯納在《真相畢露》中充分發揮了他的藝術技巧，他構思出一系列稀奇古怪、異想天開而複雜多變的情節，而真實的日常生活與荒誕無稽的虛構的東西巧妙地穿插結合在一起，妙趣橫生、詼諧幽默，令觀眾在捧腹大笑之餘，體會到生活中的苦澀和真理。

劇中人物的爭論、演說和說教，則是直接點明了資產階級生活的奢侈、腐朽和墮落。

在第一幕開始時，蕭伯納不惜用重墨描繪了患病女孩所生活的一個令人窒息、難以容忍的生活空間：

那間「位於英國富裕小城的華麗別墅裡的」、「富麗堂皇的臥室」裡，陳設著豪華、奢侈的家具和擺設。但是，這座「有如牢獄一般」的臥室裡，卻吹不進「一陣新鮮的空氣」，渲染出的氣氛：一場帶有悲劇色彩的滑稽劇即將登場。

女主角的生活環境，表明這個患病的女孩是一位有身分、有地位、「值得尊敬」的貴族女子。「房間的一切陳設都表明了這位女主人有足夠的錢在最講究的、專門迎合富有的顧客胃口的商店購買最貴重的東西。」

但就在這間奢華的臥室裡，有個膽大妄為的小偷潛入，患病女孩與其發生了激烈的爭吵。爭吵的結果出乎所有人意料，她突然決定離開這個「鍍金的籠子」，離開這個讓她感覺悶得透不過氣來的厭惡的家。

在劇中，復活的「細菌惡魔」狂笑不止，而小偷卻像一個莊重的演說家在進行正義的說教，講述著那個上層女孩怎樣衝破了奢侈生活的牢籠。

然後，蕭伯納又描述了衝出牢籠的女孩與她的夥伴奧畢理、齊普卡以及駐紮在海岸邊、椰子樹叢中的英國遠征軍的代表的一些奇特的經歷。

本來遠征軍的任務是負責鎮壓地方強盜的殘暴行徑。但令人詫異的是，當地的土著人當中根本就沒有做強盜的。逃出家庭的患病女孩穿著下層人的衣服住進了營房，她生平第一次感到無比的自由和快樂，敞開胸懷呼吸著大自然的新鮮空氣。

她在這種狀態之中，產生了對從事工作的渴望，否則她即使脫離了家庭，也無法脫離苦悶和徬徨之中。她意識到，自己不幸福的根源，就是因為無所事事，無處可去，是一個道地的「無家可歸的流浪者」。

患病女孩認識到她們這一類「無望的一代」的特點：心慌意亂、心靈空虛、茫然無為。

但是，她在對自己和周圍的世界觀察體會過後，卻仍然得出讓人悲觀的結論：「我們值得尊敬的地方就是妄自尊大、假仁假義；而我們的虔誠就是貪得無厭、自私自利。」

苦悶萬分的女主角企圖從絕境中找到一條出路，幻想實現「婦女們的某個團結合作」，但她卻不知如何著手。

劇中的其他人物，也都因為找不到出路而苦悶、徘徊，庸俗放蕩的齊普卡，小偷奧畢理和隨軍牧師等，他們腳步蹣跚，時而

趔趄，時而絆倒。這些不可思議的行為舉止，都具有深刻的寓意：他們的心靈都受到嚴重的摧殘，飽受戰爭和現實社會的折磨，痛苦不堪。其實他們都已經深刻意識到了現實生活的無聊和空虛。

蕭伯納在整部劇中，都細緻表現出戰後資產階級知識分子意識中的沉重危機感，從而提出了人類的前途問題，並且在新階段上繼續了有關生活的意義與現實社會制度的爭論。

蕭伯納大力提倡他的積極的人道主義，強烈抨擊那些把人類貶低到動物程度的頹廢派言論。他透過奧畢理的口來表達出這種情緒：「我們現在都直立著，並不屈膝，甚至並不低頭，並大聲叫喊：站起來吧，大家站起來吧！能夠直立是人的特徵。讓低級動物去爬行吧，我們並不俯首屈膝。」

蕭伯納在揭開寄生生活與游手好閒的毫無意義的生活瘡疤之後，積極鼓勵人們尋找走向幸福生活的道路。

蕭伯納還在劇本中描寫了普通勞動人民的形象和心靈高尚人的形象。他不但描繪了深夜的黑暗，而且也指出了黎明的曙光，他把人道主義的良好意願引向了蘇聯這個「合理的社會主義聯邦共和國」。

後來，蕭伯納接連又創作出《鄉村求愛》、《觸礁》、《加萊市的六個自由民》、《意外島上的蠢人》、《女百萬富豪》、《重寫辛白林第五幕》、《日內瓦》、《在賢君查理的黃金時代》等劇本，這表明蕭伯納即使已是古稀高齡，但仍是一位高產劇作家。

1932 年，蕭伯納還寫了一部中篇小說《黑女求神記》。這是按照伏爾泰的傳統而寫成的一部具有抨擊性的極富辛辣嘲諷意味

古稀之年筆耕不輟

的小說。蕭伯納在小說中以尖銳怪誕、引人入勝的形式反映了為私人利益服務的宗教的社會本質這一根本問題。在小說中，天真爛漫的黑女一心想要去尋找上帝，她對宗教思想欺騙的勢力進行強烈抗議。

有一次，她遇到了一些白人，她對他們說：「你們是偶像崇拜者，你們是未開化的人。當我找到上帝的時候，我就會獲得精神上的力量來消滅你們，並教育我們的民族不要自相殘殺。」

在小說的最後，黑女按照英明的老前輩伏爾泰的指引，在自己的園林裡安然地耕耘著，而且最終發現上帝就在自己身上。

《黑女求神記》中廣泛涉及了比如宗教與科學、民族壓迫、暴力等許多與人類命運密切相關的重大問題，還有受到「世界危機時期」侵害的資本主義文明的前途問題等。對這些問題的觀點，蕭伯納都在小說裡把自己的觀點鮮明地提了出來。

在這一時期，蕭伯納除了創作許多劇本和小說之外，他還周遊了幾個國家。

1932 年底，蕭伯納偕夫人夏綠蒂搭乘「不列顛皇后號」郵輪，開始了夫婦環球旅行。蕭伯納已經是古稀之年了，他本人並不十分喜歡遠行，但是夏綠蒂卻十分喜歡外出旅遊，蕭伯納想到陪伴自己 30 多年的妻子一生都在為自己忙碌，這時也應該滿足她的愛好。他冒著水土不服的反應和不願參與社交場合的麻煩，陪伴夫人觀賞沿岸異域風光。

這次旅行也的確使蕭伯納大開了眼界。在紐西蘭時，他懷著濃厚的興趣觀賞那裡旖旎的風光，並被那兒淳樸的鄉情所吸引，甚至想要在那裡定居下來，度過自己的晚年。

以前，蕭伯納只在歐洲大陸和法屬北非各地漫遊，最南只到過馬德拉，最東抵達了莫斯科，最北到達過瑞典首都斯德哥爾摩，離美國最近的地方只有牙買加。而這次，他不但到了南半球，比如紐西蘭，而且還到美國訪問了一些城市。

蕭伯納在去美國之前，一直把美國當作批評和嘲笑的對象，多次發表痛快淋漓的言論把美國罵得體無完膚，他說過：「100個美國人當中，99個是傻瓜。」因此，此前一直沒有去過他一直關注著的美國。

不過，蕭伯納的戲劇卻是在美國最早受到了觀眾的歡迎。赫理斯曾說過：

> 他把美國罵得痛快淋漓，其勇氣不在其他任何英國作家之下。他無求於深受美國人的殷勤款待之苦，也不需要在美國人負擔費用的情況下靠巡迴演講來發財致富。
> 美國人有一半跑來找他，還有一半擁護他。他知道美國的一切弱點，也知道美國的長處。這是不足為奇的，因為他的觀點比任何人更接近美國人的觀點。

蕭伯納透過閱讀報刊，對當代美國仍有一定的認識。但美國人卻早就匆匆忙忙地對待蕭伯納的作品了。當美國人探知他早期創作的小說還沒有取得版權時，他們「拿他的小說在美國各地大肆宣傳：每本售價美金 1 元 5 角，不必付版稅給那位受到阿諛奉承的作者」。

美國人的迅速行動和先見之明給蕭伯納幫了大忙，使他在 20 世紀初就開始獲得可以過富裕生活的收入。自從 1920 年以來，紐約戲劇協會最先演出蕭伯納的 3 部最優秀的作品，《傷心之

家》、《聖女貞德》和《千歲人》。這說明，雖然蕭伯納和美國之
間有一些小分歧，但事實上卻有許多共同點。

　　30 年來，蕭伯納不斷接到訪問美國的邀請，有時一個月就要
拒絕好幾次，有時甚至有人傳說他真的打算去美國了。但他始終
沒有成行。

　　而這次環球旅行時，蕭伯納終於踏上了美國的土地。他出乎
意料地受到了熱烈的歡迎。透過對美國幾個城市的參觀訪問，蕭
伯納對美國有了更切實的親身體驗。

　　各大報刊都報導了蕭伯納的這次美國之行。有人問蕭伯納：
「為什麼您的名字總是在報刊上引人注意？」

　　他詼諧而自豪地回答說：「為什麼天上的太陽總是那麼惹人
注目呢？」

對中國進行友好訪問

1933 年，77 歲高齡的蕭伯納和夫人夏綠蒂來到了他久已盼望的東方神祕大國中國。

對於蕭伯納的戲劇，中國人民一向為之傾注熱情。早在中國話劇運動開始的初期，1921 年春，汪仲賢、夏月潤等人就在上海新舞臺演出過他的作品《華倫夫人的職業》。

蕭伯納的戲劇當時已有 30 餘部被譯成中文在中國出版，其中有的有兩三種譯本。

2 月 16 日的上海《申報》轉載路透社 15 日電文，最先發布蕭伯納離港來滬的「預報」：

> 英國大文豪蕭伯納及其夫人，此次乘昌興公司之「英國皇后」輪，周遊世界由美經歐洲而至香港，蕭氏於昨日晨 6 點已搭乘該輪，從香港開出，直達上海。預計明晨 6 點，船到吳淞口，蕭伯納夫婦及各團員，將在新關碼頭上岸。

正因為沒把蕭伯納當作「伯納蕭」這樣的外人，所以中國人也就不必客氣了，早在蕭伯納登上中國的海岸之前，郁達夫在上海的報紙上撰文說：「我們對於蕭的希望，就想他能以幽默的口吻去向世界各國說出我們政府對於日本帝國主義入侵後的幽默，與國聯對於此事的幽默，另外倒也沒有什麼。」

而鄒韜奮則更希望老頭能在中國振作振作國人的社會主義精神：「他是一個社會主義者，他的有聲有色的著作都是在揭發暴

對中國進行友好訪問

露現代資本主義社會的矛盾和腐敗黑暗，在中國所謂『有力量的人』尚徬徨於歧途中的時候，這位老先生到中國來走走，我們當然尤其表示歡迎。」

2月的上海雖說不上嚴寒，卻也是涼風呼嘯，寒意襲人。17日凌晨5點，天還未亮，宋慶齡和楊杏佛等人就站到了上海碼頭上。

宋慶齡不避風寒，親自到碼頭迎接，主要的並不是因為蕭伯納在世界文壇上的名氣，而是因為蕭伯納有鮮明的愛憎，一貫堅持把諷刺的矛頭指向一切罪惡勢力，把同情的手伸給新生的社會主義國家和東方被壓迫的民族。尤其是她和蕭伯納兩人都是世界反帝大同盟的名譽主席。當時，宋慶齡是想透過對這位世界矚目之名人的接待，來抨擊日本侵略者和中國的法西斯統治。

早上6點，蕭伯納夫婦一行由香港駛抵吳淞口後，宋慶齡迎著凜冽的海風，立即登上甲板，與滿頭銀絲而仍精力旺盛的蕭伯納熱烈握手，對他耄耋之年還雄心不已環遊世界的精神表示欽敬，也向他登上中國的土地表示熱烈歡迎。而一貫以幽默機智見長的蕭伯納隨即以機警的口吻，開始了他們之間愉快的對話。

6點45分，蕭伯納邀請宋慶齡共進早餐。登岸之前的長達4個小時裡，他與宋慶齡一直在密談。

他們的密談始終圍繞危機的中國與紅色的蘇俄。蕭伯納迫切地想知道危機的中國裡正在發生的一切，他問中國對日本的侵略有什麼準備，問「滿洲國」是一個怎樣的政府，問南京政府與紅軍能不能成立聯合戰線來抵抗日本，甚至迫不及待地問：「蘇維埃區域在哪裡？有多大面積？」

又談到如何消滅帝國主義的戰爭，兩人都認定非戰組織的會議不能真正停止戰爭，但孫夫人顯得更為激進，她說：「真能消滅戰爭的唯一方法，只能是消滅造成戰爭的資本制度。」

蕭伯納反問宋慶齡：「但是我們不都是資本家嗎？我自認有好幾分是，你難道不是嗎？」

宋慶齡的回答斬釘截鐵：「不！完全不是！」

談及蘇俄的時候，蕭伯納總是讚不絕口。他向宋慶齡講述了自己前年遊歷蘇俄的見聞和美好感受，說蘇俄擁有世界上真正的自由。

因為夫人夏綠蒂身體欠佳，蕭伯納本來不想再登岸了，所以推辭道：「除了你們，我在上海什麼人也不想見，什麼東西也不想看。現在已經見到你們了，我為什麼還要上岸呢？」

宋慶齡笑答道：「上海是有不值得見的人、不值得看的東西，您盡可不見不看。但您既是環遊世界，到上海而不下船不上岸，這能算您到過上海嗎？現在我請你到我的家裡做客，一是盡我地主之誼；二也是成就你真正環遊世界的宏願。」

蕭伯納既感嘆於宋慶齡的熱情，也驚訝於宋慶齡的口才，不忍拒絕，於是隨同上岸。從巨大的遊輪下來，到達碼頭還需坐兩個小時的小艇。他們彼此之間一路談鋒甚健。

10 點 30 分，一行人等轉乘宋慶齡來迎接的海關小輪在楊樹浦藍路碼頭登陸。

2 月 17 日當天到現場歡迎的有中國電影文化會代表、上海劇團聯合會代表洪深、戲劇協會代表應雲衛、上海各學生劇社援助義軍遊藝大會代表團，以及各行各業崇拜蕭伯納的青年男女 400 多人。

對中國進行友好訪問

是日陽光明媚，由於蕭伯納訪問上海前的幾天裡，上海一直陰雨連綿，這天恰好放晴，所以有人對蕭伯納說：「您真有福氣，在上海見到了太陽。」

「不！」蕭伯納立即回答道，「是太陽有福氣，在上海見到了蕭伯納。」

民權保障同盟會的林語堂、邵洵美等諸君和中外新聞記者 20 多人，也在歡迎的人群之列。現場打出了諸多歡迎橫幅、標語，大多為「歡迎革命藝術家蕭伯納」、「歡迎和平之神蕭伯納」、「歡迎同情中國土地完整的蕭伯納」等，「熱烈情形，為歷來少見」。上海各界，掀起了一股「蕭伯納熱」。

在外白渡橋禮查飯店與代表團成員稍作寒暄後，蕭伯納即赴亞爾培路會晤中央研究院院長蔡元培。

中午 12 點，宋慶齡作為東道主在上海莫利愛路寓所，接待這位不遠萬里來滬的貴賓。待到宋慶齡家中時，魯迅、蔡元培、伊羅生、史沫特萊和林語堂等人，已在等候。

大家看到，已經 77 歲的蕭伯納鶴髮童顏，精神矍鑠，與宋慶齡談笑甚歡。蕭伯納的心情也很好，他甚至走到了鴿棚前，想撫摸一隻無知的小白鴿，只是那小東西畢竟怕人，「撲」的一聲飛走了。

其間，蕭伯納與宋慶齡、蔡元培、魯迅、林語堂、楊杏佛、梅蘭芳、伊羅生、史沫特萊、邵洵美等上海名流進行了愉快的交談。這次歷史性的會面，成為著名的中西方文化交流事件。

儘管由於各種條件的限制，蕭伯納對當時的中國國情也是知之甚少，但他對中國人民卻十分友好，對中華民族也是充滿了信

心。他曾應上海《時事新報》之邀，在香港發表了一篇〈中國人民書〉，表達了對中國人民之意見，他宣稱：

中國人民，如能一心一德，敢問世界孰能與之抗衡？

在莫利愛路寓所，當話題談到蘇俄時，蕭伯納說：「我曾經會過列寧夫人克魯普斯卡婭。聽說史達林告訴她，假使她繼續找政府的麻煩，他可以取消她的列寧夫人頭銜。」話題一轉，他轉向宋慶齡：「南京政府曾打算取消你的孫中山夫人頭銜嗎？」

宋慶齡笑著答道：「還沒有，但他們很願意。」

「你真是一個令人生畏的天真孩子。」蕭伯納回答說。

蕭伯納作為當時世界反帝大同盟的名譽主席之一，他當然十分關心中國的抗日準備情況。席間他問宋慶齡：「請明確告訴我，中國目前為對付日本的侵略採取了什麼辦法？」

宋慶齡說：「幾乎沒有。南京政府眼下把最精良的武器和軍隊都用來對付中國紅軍，而不是日本人。」

蕭伯納當時還十分關心國共之間合作的可能性問題，他問：「是不是可能使南京的軍隊和紅軍組成一個反對日本的統一戰線？」

宋慶齡告訴他：「去年 12 月，在華中地區的蘇維埃政府發表了一項宣言，如果南京政府停止向蘇區推進，蘇維埃政府願意同任何部隊達成共同抵抗日本侵略的作戰協議。」

蕭伯納稱讚說：「這個協議夠公平的。」

宋慶齡很遺憾地說：「但卻沒有被南京政府接受。從那時以來，南京的軍隊又一次發動了對蘇區的進攻。」

對中國進行友好訪問

吃飯過程中，蕭伯納又問起：「到底國民黨是什麼，南京政府又是什麼？」

宋慶齡用簡潔的語言回答說：「目前國民黨就是執政黨，同南京政府是一回事。」

「但是誰選出的這個政府呢？真正的權力在誰手裡？」

「誰也沒有選誰。蔣介石因為有他的軍隊，所以他是獨裁者。」

蕭伯納又問：「請告訴我，孫夫人，關於國民黨和這個政府，妳的立場是怎樣的呢？」

宋慶齡告訴他說：「當革命統一戰線在漢口解體時，我就與國民黨脫離關係到國外去了。從此我就與國民黨不相干了。因為它屠殺人民、背叛革命。」

蕭伯納感嘆道：「您真是個天不怕地不怕的人。當然，您說的話他們是會害怕的。」

14 點 30 分，蕭伯納離開莫利愛路寓所，要去法租界世界學院參加國際筆會中國分會，見到門口守候的許多記者，說 15 點後請大家派 6 位記者代表再到宋宅，他願接受採訪。洪深把蕭伯納這句話翻譯給其他記者。

隨後，就由洪深陪著蕭伯納，坐車來到法租界內福開森路上的「世界學院」大洋房，出席世界筆會中國分會在這裡舉行的歡迎典禮。

那裡早就聚滿了等待的人們。

蕭伯納終於出現了，眾人合圍過來。這一圍又惹出了老頭的俏皮話，他說：「此刻演說，其實是不必要的，因為在座諸君都

是著名作家，我來這裡演說，用中國話說叫『班門弄斧』；普通人都以為作家是神祕偉大的人物，現在諸位卻都是曉得內幕的人，何必還要多說呢？這就如同觀看動物園裡的動物，現在你們都看見了，該心滿意足了罷。」

眾人哄笑，大約又以為是諷刺。

當時，在座的除了蔡元培、楊杏佛等人外，還有葉恭綽、張歆海夫婦、唐瑛等人。

不會說中國話的蕭伯納和不會說英國話的梅蘭芳這兩位東西方戲劇大師親切見面了，於是由張歆海做翻譯，作了學術交流。蕭伯納聽說梅蘭芳已經在舞臺上活躍了 30 年之久，注視著梅蘭芳的面容，大為感嘆說：「君誠有駐顏術嗎？」

蕭伯納又問梅蘭芳：「我有一件事，不很明白。我是一個寫劇本的人，知道舞臺上做戲的時候，觀眾是需要靜聽的。可中國的劇場反而喜歡鑼鼓齊鳴，難道中國的觀眾喜歡在熱鬧中聽戲嗎？」

梅蘭芳婉轉地解釋說：「中國的戲也有靜的，譬如崑曲，自始至終不用鑼鼓。」

這時就有人在一旁幫腔說：「梅大師的戲便是不用鑼鼓。」

後來，有人曾作詩一首，記述蕭伯納與梅蘭芳的會面：

兩雄吟
兩雄握手太荒唐，萬里相逢個半郎。
笑問駐顏狂伯納，漫誇愛族俏蘭芳。
夫人莫道華倫賤，博士能令文學香。
只恨匆匆又離別，未曾色相一登場。

對中國進行友好訪問

蕭伯納還興致勃勃地鑑賞了筆會送給他的「泥制戲裝鬼臉」臉譜，看過之後說：「戲裡有武生、老生、小生、花旦、惡魔的不同，都可以在面貌上辨別出來；但是我們人的面貌卻大都相同，而內心不見得相像。」

下午3點，筆會的活動一結束，洪深又陪著蕭伯納回到莫利愛路寓所宋宅，在陽光花園內接受中外記者的採訪。到了門口，洪深沒有忘記剛才蕭伯納的話，說：「請新聞記者們公舉代表6人進去。」

就在大家爭搶這幾個名額時，蕭伯納大概察覺了什麼，徵得宋慶齡的同意後，他讓在場的記者都進入宋宅採訪。

因為室內容納不下，他們就在房後花園的草地上進行了集體採訪。在眾多記者面前，蕭伯納往往借記者的提問而大加發揮，他巧妙地闡述自己的觀點，對反動勢力冷嘲熱諷。這位英姿勃勃的高大老人「振其雄辯，滔滔不絕，間雜以詼諧諷刺，警語透關」，可謂非常健談，而且妙語連珠。

而每當蕭伯納妙語湧出時，宋慶齡就帶頭為他熱烈鼓掌。

當時，賓客之間漫談話題十分廣泛。當說到新聞界時，宋慶齡介紹說：「新聞界完全聽命於當局。國民黨發表消息，說我是他們的中央執行委員會委員，或者說我說了這個那個，或者說我和反動將軍們一同旅行，或者說我參加了這個那個委員會等。而當我出來否認時，他們就下令報紙不許登載我的聲明。」

蕭伯納說：「當然，他們會這樣做！如果讓老百姓知道你是怎樣想的，他們就不得了了。」

說到新聞報導的炒作，蕭伯納打了一個形象的比喻：「你看，如果報上說我蕭伯納謀殺了我的岳母大人，那將是一條轟動的新聞，不是嗎？但如果我否認，說這是瞎話，我今天早上還好好地同岳母大人一起用的早餐，那他們就認為這不是什麼好新聞了。」

蕭伯納的這個風趣比喻一時引起了在座眾人的笑聲。

當談到自由問題時，蕭伯納調侃了某些西方國家標榜的所謂自由。他說：「什麼是自由呢？在印度，英國人讓印度人受到陪審團的自由審判。當陪審團宣告犯人無罪時，法官就撤銷這個判決，而仍然判他入獄。這些就是所謂的英國自由制度。」

蕭伯納又對中國文化提出了批評。蕭伯納稱，中國今日向西方搬取許多失有效用貽害大眾之所謂「文化」，譬如議會「首先則推倒帝王之統治，其次又推翻教堂之威權，但最後卻不曾推倒資本之勢力」；而英國的大學，「幾乎將個人之自由意志，摧殘淨盡，而用陳舊無用的老古董塞進學生的頭腦，使他們變成一定格式的人物。似此種所謂西方之文化，中國搬它來有什麼益處？」

又有記者問蕭伯納東方被壓迫民族如何才能謀得出路？蕭伯納沉思片刻後說：「不如我離開上海後再作答覆，因為在此地說話，似乎不甚安全。」這個回答，從側面也反映了當時上海的政治氣候狀況。

而當另一記者追問蕭伯納「此種答覆，對於中國殊少幫助」時，蕭伯納才開始大談特談「資本主義之崩潰、馬克思主義之精神，及蘇維埃俄羅斯革命之方法」等。

涉及中國革命的具體方法，蕭伯納說：

對中國進行友好訪問

被壓迫民族應當自己解決自己的問題，中國也應當這樣做：中國的民眾應該自己團結起來，並且他們所要挑選的統治者，不是什麼戲子或者封建王公。

當記者問及英國對華政策時，蕭伯納笑答：「英國人士可謂無一人認識中國，故根本談不到政策，而且，今日英國本身問題，亟待解決者至多，決無餘暇再過問中國之事。」不過，蕭伯納說：「中國今日所需要的是，為良好政府和實際工作。」

魯迅在《看蕭和「看蕭的人們」》中說：「我對於蕭，什麼都沒有問；蕭對於我，也什麼都沒有問。」事實上，東西方兩位文學大家見面，沒有碰撞出火花才是怪事呢！

當時，蕭伯納見到魯迅時說：「人們稱你是中國的高爾基，可是你比他漂亮！」

魯迅回答得也很風趣：「我更老時，還會更漂亮。」

蕭伯納在上海雖然只停留了一天，但這一天由於宋慶齡的安排和介入，使蕭伯納有了很好地展露其觀點的時機。而他對反動派的嘲諷之語，也支持了宋慶齡領導的中國民權保障同盟的正義鬥爭。他們之間的戰鬥友誼，可說已經永遠地載入了史冊。

蕭伯納此次在滬行色匆匆，留滬時間僅為 8.5 小時，下午 6 點，蕭伯納順原路返回「皇后」輪。當晚 11 點，便起錨赴秦皇島，轉游北平古都。

當時，中國正值東三省淪陷，北平的一些記者要蕭伯納談談對中國時局的見解，蕭伯納含蓄地指出：

中國過於酷愛和平，反受和平之累；日本過於迷信武力，也將必受武力之害。滿洲 3,000 萬的中國人，必須成為愛爾蘭式的革命黨，就是要使得每一個中國人，都必須由一個拿著萊福槍的日本兵來監視他，這樣的事當然是不可能的。

在中國的這段時間，蕭伯納曾不止一次熱情地向中國人民介紹了史達林領導下的蘇聯，他說：

蘇聯最近內部的現象，無論精神上、物質上，都有良好的充分的表現。而這種有規律的進步，不但蘇聯自己能夠得到極好的利益，達到美滿成功，就是其他各國也可以借鑑，採用它的長處從而模仿它。

社會主義早晚必然要普遍實行於世界各國，雖然革命的手段和步驟，在各個國家裡所採取的方式，也許互不相同，但是殊途同歸，到最後的終點，始終還是要走上同一條道路，而達到同一個水平線的。

當然蕭伯納對中國人的劣根性也作了較為尖銳的批判，有兩段話令人有如醍醐灌頂之感。一段話是：

中國人的奇異的特性，是他們對外國人的那種不可思議的客氣和親善；而在他們自己卻總是那麼不客氣，常常打仗。不知是什麼道理？

這真是一針見血地指出了中國人好內鬥的劣根性。

另一段話是蕭伯納在當時的北平，他看到由於華北受日本人的侵略威脅，當時的政府將故宮的文物悉數南運，而一些中國的富人也紛紛攜財產南遷，對此，蕭伯納說：

對中國進行友好訪問

故宮古物的南遷,於北平文化史上增加了悲痛的一頁,好似古物較數百萬北平人民的生命更重要的樣子。我們赴義大利遊歷,則羅馬時代的種種古物猶存,未聞義大利因為內亂外爭,而把古物搬東移西的。

中國富人也南遷,好似北平可以放棄一樣,富人的財產不可受絲毫的損失。我不懂是什麼道理,是否富人的財產比北平全市的價格高嗎?

當時中國人的利己,不顧民族的文化和社會公共利益的劣根性,被蕭伯納諷刺到了體無完膚的地步。難怪瞿秋白稱蕭伯納為「世界和中國的被壓迫民眾的忠實的朋友」,說蕭伯納「把大人先生聖賢豪杰都剝掉了衣裝,赤裸裸地搬上舞臺。他從資產階級社會走來,而揭穿這個社會的內幕。他真正為著光明而奮鬥」。

魯迅更是十分稱讚蕭伯納具有說真話的勇氣,「撕掉紳士們假面」的勇氣,是「現在的世界的文豪」。

早在 2 月 16 日傍晚,蕭伯納乘坐的「皇后號」已抵達吳淞口外,但他並不打算上岸。這使「蕭迷」們大失所望,於是各施絕招,期盼能將他請來上海,一瞻風采。洪深為此也接受了兩項任務,一是中國戲劇及電影文化團體派他做代表去見蕭伯納,目的是想請他在上海吃頓飯,發表一場演說;二是上海時事新報社聘請他做一次臨時記者,設法採訪蕭伯納,寫一篇訪問記。

蕭伯納訪問上海後,洪深寫過兩篇文章,一篇名叫〈迎蕭灰鼻記〉,另一篇是〈幽默矛盾蕭伯納〉。前者最早發表於 1933 年 2 月 18 日的《時事新報》上,寫他想方設法採訪這位幽默大師,最終又沒能實現的經歷,風趣詼諧,不愧為戲劇家手筆。

蕭伯納離滬後，魯迅與在他家避難的瞿秋白一起，編了一本《蕭伯納在上海》，〈迎蕭灰鼻記〉曾被收錄在該書中。書中另一篇張若谷的〈五十分鐘和蕭伯納在一起〉，就寫到洪深擔任蕭伯納翻譯的情況。

　　左翼的瞿秋白當時正隱居上海，他雖然沒有公開去見蕭伯納，但他也並未閒著，而是始終密切注視右翼的動靜。右翼的進攻使這位正害著肺病的革命者義憤填膺，他清醒地看到右翼業已結成「聯合戰線」，於是搜全了左翼和右翼的言論，進行「比較翻譯學」的研究，也就是研究同一句蕭伯納的言論為何翻譯在不同的報上就真的不同了，這些「不同」可視作「政治凹凸鏡」，來折射右翼的醜惡嘴臉。

　　蕭伯納離開中國後約一個月，瞿秋白編輯的《蕭伯納在上海》面世，上海野草書屋印刷，魯迅作序。瞿秋白沒有露名，署了個「樂雯剪貼翻譯並編校」，並將「魯迅序」也印在封面上。

壯心不已堅持創作

1933 年 2 月 19 日，蕭伯納圓滿結束了兩天「上海至北平」的中國之行，離開中國乘「皇后號」繼續旅行。

即使在周遊世界的行程中，蕭伯納仍然不忘戲劇創作。他在郵輪上完成了《鄉村求愛》一劇。劇中描寫了一些輪船上寂寞的旅行者。

1933 年秋，蕭伯納還創作了一部「兩幕政治喜劇」《觸礁》，反映了英國的危機與失業狀況。

蕭伯納一直密切關注著現實政治，多次發表言論反對資本主義制度，支持社會主義事業，在《觸礁》一劇的序言中，他這樣寫道：

> 我並不對自由寫作與暢所欲言抱有幻想。我不久之前曾經周遊世界，到處宣傳：如果俄羅斯將放棄共產主義走向資本主義，如果中國發展成為橫暴的、獨立的或者在日本支配之下的資本主義國家，那麼在這種情況之下所有西方國家就不得不把自己的軍隊擴充 10 倍，日日夜夜等著敵人的空襲。
>
> 無論我們是否選擇共產主義制度，我們必須竭力支持俄國的共產主義，並促使這種主義在中國發展，因為中國已有好幾個省、為數 1,800 萬的居民實行了共產主義制度，這樣做是對我們明顯有利的，這種道義是非常明顯的。
>
> 我陳述自己的意見時並不受到任何阻礙，並且能夠把我的意見發表出來。但是在這個由於害怕馬克思主義而感到痛苦的西方世界裡，我找不到一個報刊能夠支持我的觀點，或者登載我的觀點。

從這段話中，就可以看出蕭伯納對社會主義和人道主義的自由、人權的渴望。

1934 年，蕭伯納又創作出一部《意外島上的蠢人》。在這個劇本中，蕭伯納以烏托邦的形式指出了殖民地的政策已經危機四伏，同時也說明飽食終日、無所事事的生活是非常沒有意義的，更沒有幸福可言。

蕭伯納透過他無情的筆，強烈地控訴了游手好閒的放蕩生活會產生許多的社會惡行。他借劇中主角之一哈依耶陵之口表達出這種觀點：「我堅信，當我從事某種有益的工作時，我們就不會消失。」這也是蕭伯納為人們指明了無望生活中的前進方向。

蕭伯納再接再厲，他隨即又創作出一部簡短的滑稽劇《加萊市的六個自由民》。蕭伯納在這一劇本中，無情地批判了倫敦的新聞記者的各種醜惡行徑。

在蕭伯納的筆下，國王愛德華三世的形象與新聞記者所描繪的大相逕庭，他不再是一個相貌堂堂、和藹可親的偉人，一個舉止文雅的紳士，而是被刻畫成一個殘忍的、粗暴的君主。

透過這一劇本，蕭伯納那擅長描寫情節迅速且緊張的變化的才能表現得淋漓盡致。

1936 年，蕭伯納又寫出一部滑稽劇《女百萬富豪》。劇中描寫了一個女性金融巨頭葉比芒尼雅由於過於追求財富而昏了頭，她的心靈中除了金錢已經沒有人的其他一切情感了。

在葉比芒尼雅眼中，只有金錢是無所不能的，是唯一的、真正的力量，她信奉「金錢能使鬼推磨」，有了錢她就能獲得所想要的一切，並使自己成為主宰人類命運的全能的統治者。

壯心不已堅持創作

由於她貪得無厭地無止境地擴充自己財富的慾望，而使她變成一個無知、狂妄、行為粗暴的女人。

葉比芒尼雅的父親從小就灌輸給她這種思想，她也以父親為榜樣，成為「金融寡頭」這個身分，而在人們眼中，她是一個反覆無常、殘忍粗暴的獨裁者與壓迫者，一個貪婪的剝削狂人。

蕭伯納透過對人性行為的觀察和細緻描寫，成功地、準確地塑造了女主角這一真實的異類人物。同時，對她感覺的遲鈍和內涵的貧乏進行了無情的諷刺，從而提示出她賴以生存的社會的本質，自私自利，喪失人性。

蕭伯納雖然已經進入耄耋之年，但對現實問題的興趣卻依然很濃厚。雖然他盡量減少了社會活動，但仍然力所能及地進行一些有益的嘗試，不時地發表一些對社會現實的新觀點。

同時，這也有力地回擊了一些人宣稱蕭伯納已經「日暮途窮、江郎才盡」的惡毒言論。

兩年之後的 1938 年，蕭伯納又完成了一部「政治狂想」三幕喜劇《日內瓦》，從而可以看出他的洞察力仍舊敏銳，他的創作精力仍然很旺盛。

這一年，第二次世界大戰爆發了。蕭伯納一生往往以少數人自居，只要是他認定的真理，就挺身而出，孤軍奮戰，勇於承擔一個作家的社會責任，譴責大多數人認可的錯誤見解。因此在這部劇本中，再一次表現了蕭伯納作為壯士的無畏與作家的道義。

蕭伯納在《日內瓦》一劇中，把現實政治與戲劇中的虛構事件緊密地聯繫起來，以巴特勒和龐巴董尼影射希特勒和墨索里

尼，對這兩個法西斯領導者進行審判。並稱這個劇本為「幻想的歷史的一頁」。

蕭伯納敢於在這一年在劇本中把幾位戰爭狂人、大獨裁者作為人類和文化的敵人擺在觀眾面前，並使其被匯成河流的鮮血照得滿臉通紅，表明了作者的批判現實主義傳統以及在政治上的遠見卓識。

同樣，蕭伯納也沒有饒恕那個英國反動主謀奧爾費馬沙，正是他的努力，把這樣兩個人物推上了人類歷史舞臺，一個狠毒的冒險家、卑鄙的偽君子和一個殘酷的劊子手。因此奧爾費馬沙罪不可赦，所以在人民面前，他才會嚇得魂不附體。

1939年，蕭伯納連續創作出兩部戲劇，《重寫辛白林第五幕》和《在賢君查理的黃金時代》。

在《在賢君查理的黃金時代》中，蕭伯納的創作技巧更達到了登峰造極的地步，他讓自己的歷史想像力自由馳騁，他豐富的想像力和嫻熟的駕馭語言文字的能力展現在描寫劇中的一個精彩場面中：風流國王查理和他的情婦著名演員耐爾·格文，以及宗教改革家約翰·諾克斯、畫家耐勒和偉大科學家牛頓共聚牛頓的書房內，各執一詞，對人生展開激烈的爭辯。

有人曾經說過：

《在賢君查理的黃金時代》與 10 年前的《蘋果車》，在蕭伯納後期的作品裡形成了對峙的兩個頂峰，在語言和思想兩方面都達到了新的高度。

壯心不已堅持創作

　　在該劇中，蕭伯納還充分表現出他創作的獨特性和這個時期思想的隨心所欲，那就是他為這個劇本加了一個自相矛盾的副標題：「從來沒有發生過的真正的歷史。」

一直奮鬥到生命終點

　　大概是第二次世界大戰的原因，進入 1940 年代之後，蕭伯納的戲劇作品明顯減少了。但這一時期，蕭伯納仍然堅持發表言論，指責帝國主義的侵略政策和戰爭政策，堅決呼籲捍衛蘇聯社會主義制度，他指出：「為了消滅資本主義的罪惡，必須改變社會制度。」

　　在這樣一個戰爭與動盪的危機年代裡，歐洲的作家中，很少有人能夠寫出重要的著作來了。而蕭伯納從文學的角度來說明他的政治立場，他說：

> 世界上有千千萬萬的書籍，但其中很少能在讀者心中留下永久的印記。
>
> 假使有人請我舉出 19 世紀出版的書籍作為例證，我一定要把馬克思和巴克爾兩人的著作列在最前面。

　　1944 年，蕭伯納發表了一部政論作品《大眾政治指南》。同時，蕭伯納還經常採用劇本序言的形式來寫政論性的文章，表達他反對腐朽制度、擁護蘇維埃國家及其人民的社會政治見解。

　　蕭伯納時刻關心政治，他在批評資本主義罪惡的同時，密切地注視著蘇聯及其巨大成就：

> 我並不是以一個窮人來反對物質上的不均現象，而是以一個相當富有的人來反對它，但是我知道什麼叫做無產者，甚至貧困的無產者。

我歷盡了一切艱難困苦，也有一番成就。我出身的階級是一個最
不幸的階級，我的一生經歷了一連串的苦難與窮困，我所經受的
挨餓與無家可歸的痛苦不是任何人所能經受的。

在《大眾政治指南》一書中，蕭伯納更表現了他在兩種制度
的選擇中的堅定立場。在書中，他廣泛論證了兩個社會的對比、
資本主義世界的矛盾以及蘇聯在社會主義經濟與文化建設方面的
成就。

在第二次世界大戰結束兩年後，90 歲的蕭伯納又寫出了一部
多幕劇《波揚特的億萬財產》。

在這部劇本中，蕭伯納刻畫了一個與《女百萬富豪》中的主
角類似的資本主義社會裡的暴發戶的形象。

不久以後，蕭伯納又寫出了《牽強附會的寓言》和《莎氏與
蕭氏》兩個劇本。其中《莎氏與蕭氏》顯示了蕭伯納辯論藝術的
高明技巧，似乎是總結了關於他與莎士比亞以往創作上的激烈
爭論。

關於莎士比亞，蕭伯納早在當《星期六評論》評論記者時，
就曾在劇評裡多次提到莎士比亞。

蕭伯納曾經表示：「我很喜歡，真摯地喜歡莎士比亞的戲劇。
在弗·詹·弗尼瓦爾主持下的新莎士比亞學會的那些日子，是我
一生經歷中很值得紀念的日子。」

蕭伯納曾為莎士比亞的劇本的完完整整地上演而努力鬥爭，
結果使莎士比亞的大約 30 部劇本都搬上了舞臺。不過，蕭伯納
堅持認為，莎士比亞的戲劇最重要的東西是音樂素養。他說過：

把這個觀念灌進大眾的腦海裡是不容易的，因為莎士比亞的崇拜者在傾聽他把詞語和詩句說得那麼令人銷魂奪魄，那麼令人難忘的時候，很少人感覺到他們是在聽音樂。

而蕭伯納的朋友赫理斯卻認為，蕭伯納對莎士比亞的看法存在著一些偏見，而世人也總是拿蕭伯納與莎士比亞來做比較。蕭伯納對此總是用他那幽默的語言盡量化解這些比較。

1949 年，蕭伯納出版了他的自傳性小品文《自我素描十六篇》，這部作品集收入了他在不同時代完成的小品文。

其中包括蕭伯納對自己漫長的一生中生活與創作過程中的珍貴回憶，還有他與不同的傳記記者展開的激烈的辯論，對一些傳記記者對他的生活道路與創作思想的隨意歪曲和惡意杜撰進行了有力的反駁。

蕭伯納說：「我這本子集，本身就是對那些傳記記者的警告。」

佛蘭克・赫理斯曾寫出一部《蕭伯納傳》，蕭伯納在這本書的譯文中說道：

我親愛的佛蘭克，你向我提出 6 個問題，說待我一一回答之後，就可以構成一本書，你真是一個了不起的人物。而且你還說要授予我一個靈魂，難道你不知道像我和莎士比亞這種人是沒有靈魂的嗎？

你要把我寫成什麼東西，就連上帝也不知道。你一點也不知道我是哪一種動物，假使我有時間的話，我要把我的生平事跡告訴你。有一家美國書店在廣告上大肆宣傳，說你寫的傳記獲得我的特許，還說書中附了我一篇長達 15,000 字的文章。我已經寫信告

訴他們說，除了亨德森的《蕭伯納傳》之外，我的傳記沒有一本是獲得我的特許的；你寫的那一本尤其不能得到我的同意。

如果你發表我的片言隻字，我就要讓你吃官司。我不想代你著書。你怎樣寫你自己的書，這是我所關心的事，也是與你的名望有關的事。

我已經讓你看過我的一些自傳材料，這些東西我打算將來自己寫出來發表；因為如果你堅持要寫我的傳記，那麼你也該知道你寫的是什麼東西；但是你必須用你自己的方法講故事，不要用我的方法。

隨便哪一個傻瓜也可以出版書籍，如果他能使書店老闆相信那本書是我寫的；書店老闆更可以用這種名義推銷那本書。你的書店老闆必須收回那些宣稱我寫了 15,000 字和出版一部特許傳記的廣告。

既然你的確未曾讀過我的作品的 3%，你就應當用你那犀利的文筆把主角作為人來描繪，而不是作為作家來描繪。而且，那本書應當是一篇關於我們這個時代的論文，包含各式各樣的人物的素描。那是你能做到的工作。

赫理斯寫完蕭伯納的傳記最後一章時，還沒等出版，就於 1931 年 8 月 26 日病逝了，而將應該給出版社校對的校樣留給了蕭伯納。

對此，蕭伯納苦笑著說：「我一生做過許多不得不做的古怪工作，但這次的工作可以算是最古怪的了。」

而在佛蘭克·赫理斯寫的這本《蕭伯納傳》的跋中，蕭伯納又寫道：

在這本書裡，他始終把主角作為肖像來描寫，而沒有採用傳記的方式。傳記是透過詳細的研究和謹慎的論證去取得極其準確的成果的；他並沒有做到這一點。

現在我只需說明我把這部書校訂到什麼程度，使之有出版的可能。佛蘭克對我一生的事跡知道得很少，而且他不耐煩做調查研究之類的非常單調無味的工作，甚至也不願費點心思，去看看阿奇博爾德·亨德森教授給我寫的不朽的傳記，所以結果他說了許多猜測的話。

他的猜測往往不很準確，有一些和事實相差很遠。甚至當他直接向我要到材料時，他還不願放棄那些和材料互相矛盾的猜測，仍然讓事實和想像中的猜測同時並存，使它們輪流出現於傳記裡，因此發生許多顯而易見的矛盾。

我只是根據事實進行了補充和糾正，把客觀方面的矛盾都刪掉，使作家將來參考這部傳記時不致誤入歧途。但是，我沒有試圖糾正作者主觀方面的矛盾，哪怕這些矛盾是由於他把正確的材料和猜測的虛構搞亂了而產生的。有許多這一類的矛盾和不一致的情況是由於他在著作過程中心情變幻不定所造成的，但這也無關大局。

如果作家規定出一條僵硬的單一的評價標準，而迫使其他一切事物向它看齊，那麼，這種作品是最不自然的，在傳記文學上也是最沒有價值的了。這正和一匹馬在奔馳的一剎那間給照相機抓取到的鏡頭一樣。當我看到作者在本傳記中的評論有一兩處是源於荒謬的傳說，不能不刪掉時，我只略加變動，使文章首尾連貫。

書中一切評論和嘲笑的話，一時壞脾氣的爆發，以及譴責我的話，我畢恭畢敬地予以保留，我曾經小心謹慎地不使全書因為幾處必要的改正而受到損失。

然而，對於佛蘭克·赫理斯在書中冤枉了自己的地方，我卻無法加以糾正。

就這樣，蕭伯納把那本「本人不完全贊同」的傳記整理出版了。但在他看來，所有傳記都充斥著謊言，而且是深思熟慮的謊言。他認為：

> 沒有一個人會壞到或者好到能在生前說出關於他自己的真話的地
> 步。我贊同這樣廣泛流傳的看法，活著的人的傳記只有在他死後
> 才能完成。

1943 年，蕭伯納 87 歲的時候，夫人夏綠蒂在赫特福郡聖勞倫斯郊外的家中病逝，享年 86 歲。

雖然夏綠蒂才貌出眾，又是蕭伯納的得力助手，但是她卻不喜歡拋頭露面，而願意退居幕後，默默地奉獻。她不願意在大庭廣眾面前、在公共場合接受採訪，也不願意讓攝影記者為她拍照，她更喜歡待在自己安靜的寓所裡過舒心的日子。蕭伯納所熱衷的集會和演講，她都很少參加。

可以說，蕭伯納的婚姻雖然沒有子女，但他直至老年也並不孤獨，因為他與夫人互相關懷體貼，相依為命，過著悠閒清靜的日子。

由於他們沒有子女，兩人有著豐厚的財產，蕭伯納的收入是同時期其他文人望塵莫及的，而夏綠蒂本就是富家之女，兩個人本來可以過非常奢侈、享樂的生活。

但是，蕭伯納卻從沒有停止創作的步伐，滿足已有的成就，他一直醉心於戲劇創作以及其他一些社會活動，他曾經說過：

我忙得不可開交，來不及享受花錢的樂趣，我現在的錢超過我生活的需要，而我過去什麼錢也沒有；對我來說，在享受人生的樂趣方面，有錢和沒錢的差別是微乎其微的。

在我這樣的人看來，金錢就是安全和免除小苛政的工具：假使社會能給我這兩件東西，我就要將我的錢拋到窗外去，因為保留金錢是很麻煩的事情，而且又會吸引寄生蟲，並且會招來人們的嫉恨。

蕭伯納雖然對文藝創作和社會政治活動都有著非同一般的熱情，但這並不妨害家庭在他心目中的地位。他把家庭看得比什麼都重要，不管發生什麼事，他都不會讓夏綠蒂等候 10 分鐘。他特別地珍視他們兩個人的這個家庭，愛護他的妻子，甚至有時候他無法想像失去她自己將會成什麼樣子。

蕭伯納鄙視那些以生育作為目的的婚姻，而認為男女雙方的結合需要是伴侶和友誼。他和夏綠蒂就是這樣才走到一起，做了 40 多年的夫妻和「伴侶」。

而夏綠蒂也與蕭伯納的看法不約而同。因此兩人才在長期的共同生活中，一直志趣相投，感情甚篤，日子過得很舒心。尤其是蕭伯納老年以後，父母和姊妹們早已不在人世，最好的幾個朋友也相繼作古，他要參加的社會活動也逐漸減少，這時夫人就成了他須臾不可分離的伴侶，兩人一同栽花種草，一同外出旅行，成了讓人羨慕的長壽夫妻。

夏綠蒂還編過一本《蕭伯納作品集》，其中有些東西是在蕭伯納的其他出版物中找不到的。有這麼一位道德和文化修養都很高的妻子，再加上蕭伯納自己的才華與膽識，他的成功是注定的和必然的。

一直奮鬥到生命終點

夏綠蒂去世後，蕭伯納失去了這樣一位好妻子，對他的影響是巨大的，此後人們看到的只是一位老人瘦削、孤獨的身影，他所剩下的唯一的排遣寂寞的方式就只能是戲劇創作了。

在蕭伯納一生的最後幾年，他幾乎過起了半隱居的生活，一直深居簡出，過著嚴格的有規律的生活，但是劇本創作卻一直沒有中斷。他的生活很有規律，不抽菸喝酒，並且是一個素食主義者。

素食主義者以穀麥、蔬菜、蛋奶為食，不吃肉，有的素食者因為宗教原因才吃素的，而蕭伯納的原因與他個人的經歷和對待生活的態度有關。

蕭伯納從小就喜歡吃蔬菜，剛到倫敦以後，家境一直比較窘迫，過了十來年節衣縮食的苦日子。家貧多吃菜，家裡很少吃肉，蕭伯納就乾脆不吃肉了，成為徹底的素食者。

有一次，蕭伯納收到赫理斯的一封信，請他去倫敦皇家餐館共進午餐，並討論一些重要的事情。蕭伯納一直把進高級餐廳進餐看成是奢侈的行為，但赫理斯是老朋友了，他只好戴上黑禮帽赴宴了。

等蕭伯納趕到皇家餐館，赫理斯和弗雷德里克早就在那裡等著他了，一見到蕭伯納他們就高興地打招呼：「我們早就被這的香味俘虜了，你再不來我們就忍不住了。」

蕭伯納微笑著落座，對這兩個已經饞涎欲滴的朋友擠了擠那雙快活的眼睛：「那就快點菜吧，免得你們把自己的舌頭給吃了。」

赫理斯和弗雷德里克每人點了一塊香噴噴的上等牛排，一大塊塗滿了奶油的乾酪，還點了一大杯甜酒。而蕭伯納卻只點了一盤通心麵，一杯礦泉水。只見他很快就吃了個盤底朝天。然後蕭伯納滿足地往椅背上一靠，看著兩個朋友津津有味地享受著牛排、乾酪和甜酒。

　　在蕭伯納這種「監視」之下，赫理斯和弗雷德里克就感覺像被法官盯住的犯人一樣，而蕭伯納抓在手裡的黑帽子，也似乎變成了法官宣判時戴的帽子。

　　當他們在「法官」的目光下消滅了各自的牛排、乾酪和甜酒之後，其實肚裡還想再要一塊小牛排，但面對著蕭伯納的眈眈虎視，他們都心裡有些惶恐不安，誰也張不開口了。

　　赫理斯就設法讓弗雷德里克先開口要小牛排，但弗雷德里克也千方百計迫使赫理斯先開口，結果兩個人竟然差一點吵起來。

　　最後，其中一個作了讓步，先低聲說：「如果你希望再來一分腰肉排，我可以奉陪。」

　　蕭伯納其實一直批評赫理斯和弗雷德里克吃肉、喝酒太多，造成體內營養不均衡，總是不厭其煩地勸導他們要多吃蔬菜，少貪那些所謂的美食，多鍛鍊身體。

　　但這兩個人已經「不可救藥」了，他們卻有時反過來勸他：「幹嘛要素食呢？天下這麼多美味的食品，不吃太可惜了。」

　　蕭伯納冷冷地瞥了他們一眼說：「哼，你以為我會去嚼那些動物的屍體嗎？」

　　其實，最主要的原因，還在於蕭伯納對生活的態度，他對物

一直奮鬥到生命終點

質生活的要求非常低，一點可口的通心麵就足以使他心滿意足；一套衣服可以非常愛惜地穿上許多年，一生都過著非常簡樸的生活。

蕭伯納一生酷愛體育鍛鍊，常年堅持戶外活動，游泳、跑步、騎自行車、洗冷水浴，身體還算硬朗。而且他也很會保養自己，在文學創作之餘，他還在自己住宅的花園裡栽花整枝，在樹蔭下悠閒獨坐。

1950 年，94 歲高齡的蕭伯納又開始創作他的一部新劇《為什麼她不願意》。

10 月的一天，蕭伯納在自己的花園裡勞動，修剪樹枝，不幸從樹上摔了下來，造成大腿骨折，動了手術後就回家療養，從此臥床不起。起初，蕭伯納並沒有太在意，但不久卻又患上了急性腎炎。

1950 年 11 月 2 日凌晨，蕭伯納溘然病逝。

蕭伯納逝世的當天晚上，全世界的劇院停止演出，舞臺燈光全部熄滅，對這位現代戲劇大師表示沉痛哀悼。

蕭伯納一生沒有子女。他在遺囑中指定：將遺產 36.7 萬英鎊的一部分作為制訂英國語言改革計劃的基金，而遺產的大部分，則贈與愛爾蘭國家美術館、大英博物館和皇家戲劇藝術研究院。

蕭伯納畢生創造幽默，他的墓誌銘雖只有一句話，但恰巧展現了他的風格：「我早就知道無論我活多久，這種事情遲早總會發生的。」

蕭伯納雖然逝去了，但他的劇作在舞臺上、銀幕上和廣播中一直廣為流傳，劇中的人物和場面依然使人感到十分新鮮，對白仍是那樣耐人尋味，始終能緊緊抓住觀眾。

有劇評家評論說：

無情的時間在這個將一生都獻給了文學創作的戲劇家身上，遇到
了一個強有力的對手，時間磨去的僅是瑕疵，閃爍於蕭伯納劇本
中的真知灼見反而更加晶瑩燦爛，他那支磨礪了將近 80 個年頭
的生花妙筆為世人留下了永久的精神財富。

蕭伯納的出現，使過去 100 多年英國戲劇不振的局面根本改
觀，他成為莎士比亞以來英國最著名的戲劇大師。

一直奮鬥到生命終點

附錄：蕭伯納年譜

1856 年 7 月 26 日，出生在愛爾蘭都柏林一個小公務員家庭。從小愛好繪畫和音樂。

1870 年，父母分居。同年，在都柏林美以美教會中學畢業，因家境困難，未能升學。

1871 年，在一家房地產公司當抄寫員，後又擔任會計。

1876 年，移居倫敦。

1879 年，完成第一部小說《未成熟》。

1880 年，完成第二部小說《不合理的結合》。

1881 年，完成第三部小說《藝術家的愛情》。

1884 年，改良主義的費邊社成立，蕭伯納參加該社。

1892 年，發表第一個劇本《鰥夫的房產》。

1893 年，發表關於婦女問題的劇本《好述者》。

1894 年，發表《華倫夫人的職業》一劇，揭露道貌岸然的紳士淑女原來是榨取妓女血淚錢的院主。同年，編成第一個戲劇集《不愉快的戲劇集》。

1895 年，寫成《風雲人物》一劇，揭露資產階級的偽善面目。

1896 年，寫成《難以預料》一劇，觸及資產階級家庭的瓦解問題。

1897 年，組成第二本戲劇集《愉快的戲劇集》。

1900 年，發表《布拉斯龐德上尉的轉變》。並組成第三本戲劇集《為清教徒寫的三劇本集》，表達了作者對帝國主義侵略行為的憤慨。

1903 年，發表闡述自然哲學思想的第一部作品《人與超人 —— 喜劇與哲學》。

1905 年，在英國工人運動高漲及俄國 1905 年革命的影響下，發表了劇本《芭芭拉少校》。此劇表現信仰「金錢和炸藥」的軍火商安德謝夫和女兒芭芭拉之間的衝突。

1907 年，發表歷史劇《凱薩和克莉奧佩特拉》。

1908 年，發表關於家庭和婚姻問題的劇本《結婚》。

1910 年，發表《貴賤聯姻》、《芳妮的第一個劇本》。

1914 年，發表論文《戰爭常識談》，表明自己對戰爭的觀點。

1917 年，寫出表現第一次世界大戰前夕英國知識分子絕望情緒的劇本《傷心之家》。十月革命爆發，蕭伯納是西歐最早同情和擁護這一革命的進步知識分子代表人物之一。

1921 年，變種的生物戲劇《回到馬修斯拉時代》發表。同年，在英國共產黨理論刊物《勞運月刊》的創刊號上，發表了論文《無產階級專政》。

1925 年，獲得諾貝爾文學獎。

1931 年，訪問蘇聯，在莫斯科度過 75 歲生日。高爾基寫信向他祝賀。回國後，蕭伯納發表演說撰寫文章，讚揚蘇聯人民的卓越成就，並多次公開聲稱未來的世界屬於東方。

1933 年，訪問中國。2 月 17 日到上海，與宋慶齡、蔡元培、魯迅等會面。同年，發表最後一部小說《黑女求神記》。

1936 年，發表劇作《意外島上的傻子》、《女百萬富翁》、《日內瓦》、《好國王查理第二治下的黃金時代》。

1944 年，政論書籍《大眾政治指南》發表。

1950 年 11 月 2 日，因病去世。享年 94 歲。

黑色幽默大師蕭伯納：

練就一身嘲弄本領，叛逆宗教觀惹風波，創作新世紀三部曲，終獲諾貝爾文學獎

編　　著：鄧韻如，梅昌婭

發 行 人：黃振庭

出 版 者：崧燁文化事業有限公司

發 行 者：崧燁文化事業有限公司

E-mail：sonbookservice@gmail.com

粉 絲 頁：https://www.facebook.com/
　　　　　sonbookss/

網　　址：https://sonbook.net/

地　　址：台北市中正區重慶南路一段六十一號八
　　　　　樓 815 室

Rm. 815, 8F., No.61, Sec. 1, Chongqing S. Rd.,
Zhongzheng Dist., Taipei City 100, Taiwan

電　　話：(02)2370-3310

傳　　真：(02)2388-1990

印　　刷：京峯彩色印刷有限公司（京峰數位）

律師顧問：廣華律師事務所 張珮琦律師

定　　價：299 元

發行日期：2022 年 09 月第一版

◎本書以 POD 印製

國家圖書館出版品預行編目資料

黑色幽默大師蕭伯納：練就一身嘲弄
本領，叛逆宗教觀惹風波，創作新世
紀三部曲，終獲諾貝爾文學獎 / 鄧韻
如，梅昌婭編著 . -- 第一版 . -- 臺北
市：崧燁文化事業有限公司, 2022.09
　面；　公分
POD 版
ISBN 978-626-332-726-9(平裝)
1.CST：蕭 伯 納 (Shaw, George
Bernard, 1856-1950) 2.CST: 傳記
784.198　　　　　111013883

電子書購買

臉書